数字化转型理论与实践系列丛书

打造数字化研发流水线

陈南峰 主 编

孟 东 侯 玲 副主编

电子工业出版社
Publishing House of Electronics Industry
北京·BEIJING

内 容 简 介

本书作者基于系统集成产品研发管理的逻辑进行了系统的思考，遵循二八原则，抓住企业研发过程中的核心痛点，尤其针对多品种、小批量且系统复杂度高的离散型军品、民品研发制造型企业与单产品、大批量制造企业不同的"业态"与"痛点"，提出了以产品经理、系统架构、设计实施、产品测试、项目评审、项目管理等贯穿于研发过程的核心团队建设及其能力提升训练为初期切入点，再匹配建设与之需求相适应的主要流程、制度、表单记录等，强调专业化分工协作，快速构建流水式作业的轻量级研发管理体系，最终逐步迭代完善的思想。本书主要内容包括产品全生命周期管理、研发管理方法简介、研发流水线、需求工程、CBB建设、研发团队建设、项目管理、研发管理数字化、生产线开发案例等。

本书可供研发制造型企业、研究院所、高等学校等相关人员学习参考。

未经许可，不得以任何方式复制或抄袭本书之部分或全部内容。
版权所有，侵权必究。

图书在版编目（CIP）数据

打造数字化研发流水线 / 陈南峰主编. —北京：电子工业出版社，2023.5
（数字化转型理论与实践系列丛书）
ISBN 978-7-121-45632-9

Ⅰ．①打… Ⅱ．①陈… Ⅲ．①产品生命周期－研究 Ⅳ．①F273.2

中国国家版本馆 CIP 数据核字（2023）第 089080 号

责任编辑：夏平飞
印　　刷：河北鑫兆源印刷有限公司
装　　订：河北鑫兆源印刷有限公司
出版发行：电子工业出版社
　　　　　北京市海淀区万寿路 173 信箱　　邮编：100036
开　　本：720×1000　1/16　印张：15　字数：230 千字
版　　次：2023 年 5 月第 1 版
印　　次：2024 年 1 月第 4 次印刷
定　　价：89.00 元

凡所购买电子工业出版社图书有缺损问题，请向购买书店调换。若书店售缺，请与本社发行部联系，联系及邮购电话：(010) 88254888，88258888。
质量投诉请发邮件至 zlts@phei.com.cn，盗版侵权举报请发邮件至 dbqq@phei.com.cn。
本书咨询联系方式：(010) 88254498。

主编简介

陈南峰，1962 年生，浙江大学硕士，正高级工程师。

现任中航电测仪器股份有限公司（简称中航电测，股票代码 300114）首席技术专家。目前主持中航电测集成产品研发体系改革的推进工作、Zemic_ZOS 信息化与智能制造的推进工作以及员工成长训练。

任职简历：大学毕业后曾在高校任教，曾任中航电测下辖子公司总经理（1999—2012）和两个国家标准分标委会副主任委员，参加多个学术组织。

主要成果与荣誉：获国家科学技术进步二等奖一次，享受国务院政府特殊津贴专家，主持或参与多项国家与地方科研攻关项目以及多项国家与地方标准的制修订和宣贯。

本书编写人员

主　　编：陈南峰
副 主 编：孟　东　侯　玲
编写人员：孟　东（编写第 2 章、参编第 3 章）
　　　　　侯　玲（编写第 8 章、参编第 4 章）
　　　　　刘建雄（编写第 1 章）
　　　　　周新余（编写第 4 章）
　　　　　李厚新（编写第 5 章）
　　　　　马　蓉（编写第 7 章）
　　　　　刘忙贤（编写第 9 章）
　　　　　贾菊英（参编第 2 章、第 4 章）
　　　　　牛振东（参编第 3 章、第 6 章）
　　　　　李晨曦（参编第 5 章、第 9 章）
　　　　　刘　尧（参编第 1 章、第 7 章）
　　　　　吕俐蓉（参编第 8 章）
文字校对：冯树荣
图片设计：刘　尧

前　言

自从 IPD（集成产品研发）被引进中国以来，制造业的研发管理变革就成了一个热门话题。深圳市薄云信息技术股份公司是 IPD 咨询业的领航者之一，2016 年开始指导航空工业集团有限公司内的企业推动 IPD 集成研发管理体系的建设，在航空工业开启了研发管理变革的先河。中航电测是航空工业集团有限公司旗下的上市公司，其军品及民品具有多品种、小批量且系统复杂度高的离散制造特点，与大批量连续性制造企业的"业态"与"痛点"具有显著的差异，为解决自身的"痛点"——能力短板，也在 2016 年开始学习 IPD 的思想，并基于自身的能力与需求，开始探索自己的研发管理变革之路。本书是集成研发管理实践者与咨询服务者共同合作的结晶。

■研发之"重"

□研发能力是企业核心竞争力

产品是企业经营的利润来源，造成产品成败的因素贯穿于从回答干什么（产品战略）、值不值得干（立项决策）、怎么干（方案架构与设计实施）、干得怎么样（要素控制），到上市策划与产品生命周期管理的全过程，而研发能力决定了能否做好产品全生命周期管理。

□研发管理是一项系统工程

研发是一项系统性、创造性的工作，是产品管理过程中将不确定因素变为确定性因素的过程，是把用户需求转换成产品及其所需的图文档资料、技术规范与成果的过程，其过程中每个细节都不可忽视。只有确保每个细节受控，才能实现对需求的正确转换。

□研发管理决定产品成本

研发设计中的方法与路径、技术与工艺、物料选择是构成产品成本的核心因素，产品成本的70%~90%由设计开发决定。

□研发管理是质量问题的源头

研发质量是保证产品制造质量和服务质量的前提。研发质量不好，再好的制造质量和服务质量也难以满足顾客的需求。

■效果之"望"

我们期望的目标是：

（1）研发方向正确（产技规划与立项论证），确保项目成功、市场成功、财务成功。

（2）通过严密管控研发过程，提升产品质量。

（3）路径便捷、工具适用、组织协同高效、减少过程漏洞、降低后期返工率，提升研发效率。

（4）在团队组织管理、设计方案与部件选型等活动中，成本计划的制订和控制合理，整个过程成本受控，降低研发成本与产品成本。

但从目前实际的情况来看，普遍与我们的期望相差较大。

■人力资源之"困"

□高能低配，人力资源浪费

工作开始时让能力强的人去承接项目，承接项目后就去做需求调查与分析，推动项目立项，接着做方案、展开设计、制造样机，最终使这部分人陷入后续一系列的事务性工作当中，无力再承接新项目，造成人力资源的浪费。

原因在于：

（1）前面舍不得花时间。比如，在做某产品方案设计时，如果前期多花一些时间进行调研、分析和评审，便会减少许多漏洞，后面就不会产生那么多问题了。

（2）不懂得怎样使用时间。

造成的后果：前期工作不到位，一旦产品上市，用户就成了测试员。随着用户使用程度的加深及认知水平的提高，问题不断被发现，研发人员就要花费大量的时间去解决问题，严重制约了他们业务能力的提升。因为是设计开发导致的质量问题，设计"高手"最终成了维护支持人员。

□ **低能高配，开发低效**

前面的项目拖拉延期，后面的新项目又没有高手接管，只能让能力稍差的人员或新员工顶替。这部分人由于缺乏工作经验，从事产品设计时漏洞会更多，因此会给今后的工作留下更多的隐患。

原因在于：成熟人才难招聘，新毕业生招入公司后短时间内又无法发挥作用；由于前期缺乏人力资源规划，用人时才临时招聘，而从入职到能承担相关任务，一般需要2年，因此可能会造成无人可用的局面。

造成的后果：现有人员越来越忙，加班成为常态，人才梯队脱节，问题日趋严重，最终陷入恶性循环。

□ **人员离职，项目中断**

研发过程缺乏团队角色分工与组织，常出现一个人将一件事甚至一个项目从头干到尾，且存在过程文档不全、评审形同虚设等现象，一旦人员离职或因其他原因调离，会产生项目中断且其他人员难以接续的风险。

□ **人员协同、组织不畅**

项目型组织容易出现项目组之间抢夺资源，但又不能充分使用资源的问题。

□ **员工成长缓慢低效**

通常，新招聘人员的培养模式是师傅带徒弟，或主要靠新员工自身的悟性成长，缺乏体系化训练。这种培养模式的问题在于：

（1）不均衡。师傅水平的高低、带学徒的主动性和方法，直接影响新人的成长；不同师傅带出的徒弟效果差异很大。

（2）不系统。师傅的能力有限，无法做到系统性训练。

■ 过程之"失"

研发过程管理不严，或控制节点、要素直接缺失。

□ 立项可行性分析不充分

前端需求分析不透彻，市场调研分析不充分，立项论证把关不严，开发出来的产品与市场实际需求产生偏差，甚至会因为市场趋势与容量判断错误导致市场和财务目标无法实现。

□ 方案设计不系统

产品研发设计常使用模板填空方式做方案，不明白报告的逻辑结构，缺乏严密的逻辑交互关系分析，遗漏应管控要素及其实现方法。

关键技术的识别与预研没有在产品研发前开展，致使产品研发过程出现等待或中断。

□ 需求变更频繁

对需求理解的层次低，被动等待需求是普遍现象；设计方对需求理解不足，用户方对需求的描述又往往只停留在一些关键使用属性的指标上，没有系统表达的能力；甚至会出现设计方表面上满足了用户方提出的显性需求，却难以实现用户方真实意图的情况。

作为设计方，如果缺乏对需求的理解、分析与管理能力，则会导致后期不停地变更与返工。况且对于双方来说，还有许多需求是渐进明细的，即使事先努力去梳理需求，仍会存在需要事后迭代完善的情形，我们的目标是尽量减少迭代。

□ 评审控制不力

（1）设计人员：报告编写质量欠佳。

（2）项目管理人员：报告的预审把关能力欠缺，如逻辑结构审查的能力；评审组织、记录、整理工作不够专业。

（3）评审专家：没有受过系统、专业的训练，主要依靠自己的经验做判断，缺乏对报告的逻辑结构、交互关系、要素控制、工具/方法/技术应用、CBB应用与构建等的审查能力。

（4）评审组长：意见的分析、综合、提炼、抉择等能力欠缺，未能将多位专家意见整合成统一、准确的修改意见。

□过程测试缺位

测试是产品研发过程中质量控制的四大手段（设计、仿真、评审、测试）之一，在单元测试阶段以白盒测试为主，到集成、系统、验收测试阶段逐渐向以黑盒测试为主过渡。

（1）大量的隐性质量问题需要通过白盒测试，去发现与控制缺陷以达到质量控制的目的。这项工作需要很深厚的专业技术功底。许多单位忽视这些过程测试，而主要依赖质量部门的黑盒测试，致使许多隐含的质量问题被忽略。

（2）对过程测试重视度不够，没有组建专业团队或虽然组织了人员但人员的能力与要求不匹配，无法发现潜在的质量问题，整个团队没有高水平人员牵引。

■救火之"痛"

□项目延期成为常态

（1）需求不明，盲目动手，研发过程中需求不断变更。

（2）方案设计不系统、逻辑关系不严密、要素遗漏等导致过程频繁返工。

（3）设计、仿真、评审、测试等质量控制能力差，过程隐性缺陷堆积，到测试阶段仍不断修改。

这些问题的存在让项目延期成为常态。

□事后返工不断

样机制作、试验验证、产品上市，频繁地陷入"发现问题→解决问题→再发现问题→再解决问题"的死循环。

□救火成为常态

救火成为常态化的紧急而又重要的任务，不断抢夺着有限的资源。

随着产品种类和用户数量的增加，产品质量问题不断爆发，让主研人员深陷"修补泥潭",从而无暇顾及长远规划,导致新品开发乏力、新技术预研迟滞,企业核心竞争能力下降。

■ 路径之"惑"

为了提升研发管理水平,我们不断变换工具,探索新的路径。

☐ 众多的软件管理工具

面对 PDM、PLM、DOORS、Rhapsody、评审管理、项目管理等众多的软件管理工具,研发人员难以选择。

☐ 不同视角的管理体系

面对 ISO 9000/GJB 9000、GJB 5000A、AOS、NQMS、IPD、MBSE 等不同视角的管理体系,研发人员往往会深陷选择的困境。

■ 本书结构

第 1 章 产品全生命周期管理

阐述产品全生命周期的相关概念、产品管理方法、产品经理及相关研发角色的分工合作关系。

第 2 章 研发管理方法简介

讲解目前主要的研发管理方法和工具。

第 3 章 研发流水线

透过现象看本质,分析研发管理工作中存在的瓶颈,遵循二八原则,提出解决问题的方法;在产品全生命周期的各关键阶段中,重点强调研发阶段专业化分工协作的重要性,建设核心团队,推动研发流水式作业。

第 4 章 需求工程

需求管理是研发管理的核心,研发管理过程本质上是对需求的管理过程,本章讲述需求的收集、整理、分析、转换、分配、实现和测试验证的全过程,以及需求的过程控制。

第 5 章 CBB 建设

介绍 CBB 的概念、方法、创建及使用流程,数字化管理平台的 CBB

管理功能，并以中航电测智能装备事业部的 CBB 建设为例做了介绍。

第 6 章 研发团队建设

人是能否做好研发管理的决定性因素，核心团队的建设和能力训练是做好研发工作的前提，是研发管理的"神"。需要构建起满足能力提升需要的知识工程体系，并开展核心团队的能力提升训练，建立激励员工的绩效管理体系。

第 7 章 项目管理

研发项目需要用项目管理的工具和方法来实施管控。本章讲解 PMP 项目管理的核心思想，并以满足入门实战应用为目的，遵循二八原则对项目管理的内容与流程做了大量裁剪和适应性调整，并给出了研发项目管理案例，便于快速学习与应用。

第 8 章 研发管理数字化

在研发管理体系中，将研发过程划分成若干阶段，每个阶段又构建了专业化团队去做相应工作，为做好相应工作的约束与指导而编制了流程/制度/表单记录文件，因项目多、管理工作量大，且涉及项目组合、项目集这些多项目管理需求，需要有研发数字化运营管理平台的支撑；在有效信息数据完整、齐全后，再建立起它们之间的关联，进而迈向构型的数字化管理。

第 9 章 生产线开发案例

以中航电测汉中分公司开发 L6D 传感器生产线项目为例，讲述了基于能力提升训练为核心的研发流水式作业推进的过程，以及取得的效果。

编者基于系统集成产品研发管理的逻辑进行了系统思考，遵循二八原则，努力抓住企业研发过程中的核心痛点，尤其是针对多品种、小批量且系统复杂度高的离散型军品、民品研发制造型企业与单产品、大批量制造企业不同的"业态"与"痛点"，提出了以产品经理、系统架构、设计实施、产品测试、项目评审、项目管理等贯穿于研发过程的核心团队建设及其能力提升训练为初期切入点，再建设与之相适应的流程、制度、表单记录等，强调专业化分工协作，快速构建流水式作业的轻量级研发管理体系，以后再逐步迭代完善的思想。它避免了初期消耗大量人力和物力去建设大而全的体系却又多年难见成效的窘境,提出的核心团队建设高度契合了研发管理变革初期实际研发工作流程的执行与控制需要,满足了企业快速见效、逐步改进的需求,并实现了数字化研发管理,在实践中取得了明显的效果。

感谢在本书编写过程中给予帮助的领导、专家、同事与朋友,感谢相关参考文献的作者。

由于编者水平有限,书中可能存在疏漏和不妥之处,欢迎读者批评指正。

编 者

目 录

第 1 章 产品全生命周期管理 ... 1
- 1.1 产品管理简介 ... 1
- 1.2 产品经理专项能力要求 ... 8
- 1.3 产品研发上游管理 ... 10
- 1.4 产品研发下游管理 ... 14
- 1.5 产品运营管理 ... 19

第 2 章 研发管理方法简介 ... 25
- 2.1 流程控制基本模型 ... 25
- 2.2 军品研发流程 ... 29
- 2.3 MBSE 简介 ... 32
- 2.4 IPD 简介 ... 38

第 3 章 研发流水线 ... 42
- 3.1 研发问题本质 ... 42
- 3.2 产品管理总流程框架 ... 45
- 3.3 Zemic_Multi_V 模型 ... 50
- 3.4 推动研发流水式作业 ... 53
- 3.5 研发管理体系文件 ... 56
- 3.6 标准化管理 ... 60

第 4 章 需求工程 ... 64
- 4.1 需求管理基础 ... 64
- 4.2 质量问题产生的原因及质量控制 ... 74
- 4.3 需求要素及传递 ... 78

XIII

4.4 需求管理流程框架 ………………………………………… 83
4.5 需求工程案例 …………………………………………… 90

第 5 章 CBB 建设 ………………………………………… 98
5.1 CBB 的概念与方法 ……………………………………… 98
5.2 CBB 建设流程 …………………………………………… 100
5.3 CBB 构建案例 …………………………………………… 106
5.4 CBB 数字化管理 ………………………………………… 110

第 6 章 研发团队建设 ……………………………………… 116
6.1 逻辑为基、能力为本 …………………………………… 116
6.2 知识工程建设与应用 …………………………………… 122
6.3 研发核心团队能力提升 ………………………………… 125
6.4 绩效管理与职级调整 …………………………………… 134

第 7 章 项目管理 …………………………………………… 139
7.1 项目管理知识 …………………………………………… 139
7.2 项目启动 ………………………………………………… 145
7.3 项目规划 ………………………………………………… 148
7.4 项目执行 ………………………………………………… 153
7.5 项目监控 ………………………………………………… 155
7.6 项目收尾 ………………………………………………… 157

第 8 章 研发管理数字化 …………………………………… 162
8.1 数字化协同研发管理平台 ……………………………… 162
8.2 集成研发管理功能与流程 ……………………………… 169
8.3 ZOS.IPD 软件功能示例 ………………………………… 174
8.4 多项目管理 ……………………………………………… 181
8.5 走向构型管理 …………………………………………… 187

第 9 章 生产线开发案例 …………………………………… 193
9.1 需求分析与立项 ………………………………………… 194
9.2 生产线设计 ……………………………………………… 201

目 录

9.3 生产线制造 ·································· 211
9.4 测试与验收 ·································· 212
9.5 经验与教训 ·································· 214
参考文献 ·· 220
后记 ·· 222

第 1 章　产品全生命周期管理

1.1　产品管理简介

1.1.1　常见问题

问题 1：需求分析不足

（1）产品研发过程往往只关注功能与已明确的指标需求，而忽略许多未直接明确的需求及相关隐性需求。

（2）市场定位不准，新产品贡献度低。

问题 2：未规划好产品层次系列（统型）

（1）品种增加：不经系统分析，盲目响应用户需求，可能会导致品种大量增加，加大生产维护成本。

（2）成本与时效：为减少品种，追求产品功能与性能指标满足所有需求，这将延长产品研发周期，增加研发与制造成本。研发周期的延长又会导致失去时效，失去市场机会。

问题 3：产品迟迟无法成熟

（1）需求分析不透，对市场与技术变化认识不足。

（2）对使用现场的环境考虑不充分。

（3）方案设计时间短、系统性差、论证不充分、能力弱。

（4）未建立产品测试的系统性控制流程。

（5）技术研发与产品研发未分离，技术预研无法支撑产品研发。

问题 4：盲目理解敏捷开发的迭代

产品研发过程的迭代是难以避免的，但必须尽量减少迭代。迭代发生的频率与研发人员的水平高低密切关联。

问题 5：部门墙的困惑

焦点：定制化、大型工程等项目的管理。

（1）需求→产品（研发），订单→交付（营销、采购、生产、服务、质检），产品全生命周期管理需要穿越多重部门墙，协同困难，效率低下。

（2）出现"在各部门均无过错的情况下，产品依然问题很多"的悖论。不同的部门只对自己的职责负责，并不对产品成功负责。那么谁将为产品能否顺利上市、取得市场与财务的成功负责呢？

问题 6：产品生命周期被动管理

产品改进、改型、换代、退市各环节被动应对，缺乏主动筹划与管控。

问题 7：产品经理无法打破部门墙

（1）有职无权。

（2）能力不足。

（3）理解不透，体系不全。

1.1.2 产品管理方法

1. 产品管理框架

产品发展战略是企业战略规划的重要组成部分，也是企业发展的根基所在，需要对各产品线进行组合决策、规划，以推动从市场需求到形成产技规划、开展产技研发、发布上市及产品运营等全过程管理工作，如图1-1所示。

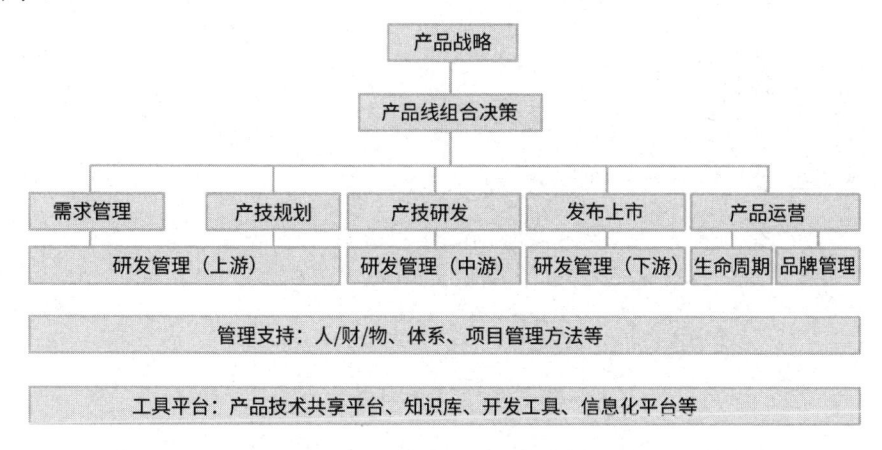

图1-1 产品管理体系整体框架

2．产品管理组织

（1）职能型组织

它按职能来组织部门分工，即从企业高层到基层，均把承担相同职能的管理业务及其人员组合在一起，设置相应的管理部门和管理职务，这是目前普遍采用的组织方式。

（2）流程型组织

它是以目标为牵引、以业务流程执行为中心的组织，目的是提高对目标需求的反应速度与效率、降低管理成本、提升管控质量。研发管理中，成立项目组，临时组织不同的专业人员分工负责研发流程相应阶段的工作，去实现研发目标，这便是流程型组织。

（3）矩阵型组织

对于产品线，要实现整条产品线中各产品的财务与战略成功，纵向由各职能部门负责规划、营销、研发、采供、制造交付、客服以及质量管理等，横向由产品经理团队去设计控制流程的执行，打通各道部门墙，去实现产品目标，如图 1-2 所示。

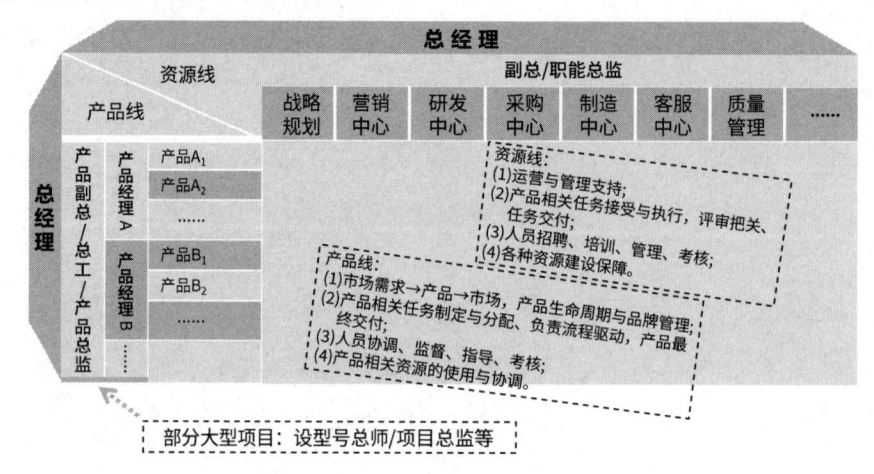

图 1-2　产品管理矩阵

中国航空工业集团有限公司下属的许多企业都设有项目总师、副总师，相当于产品经理团队的管理者，负责横向流程的管理，对项目整体负责。

随着产品线品种的增多，为适应市场的快速变化、增强主观能动性与责任感，许多企业会强化产品线管理，赋予管理者更大的权利，建立起集生产、销售、服务为一体，在企业内部独立核算、自负盈亏的非法人组织，即事业部制。

3．产品管理解决方案

（1）目标管理：制定产品发展战略，明确产品技术发展方向和具体产品管理的目标。

（2）计划管理：做好现有产品生命周期的运营管理计划，新产品的研发、上市计划。

（3）沟通管理：定期或不定期召开产品分析例会、建立问题报告制度、明确日常沟通要求，以及时解决相关问题。

（4）流程管理：实施产品全生命周期管理需要分别建立战略规划流程、研发主流程、产品运营管理流程，及其相关子流程，并匹配制度与表单记录，制定管理体系文件，并执行、监控。

第1章　产品全生命周期管理

（5）管理分工：产品经理团队负责建立产品管控流程，各职能部门负责流程执行，总经理或分管副总协调或监督。

（6）绩效管理：体现以贡献者为本，做好绩效管理，需要给产品经理分配考核权。

（7）文化建设：培养团队积极进取的精神，向上向善、主动作为，为做好产品管理自觉地去努力工作。

产品管理解决方案如图1-3所示。

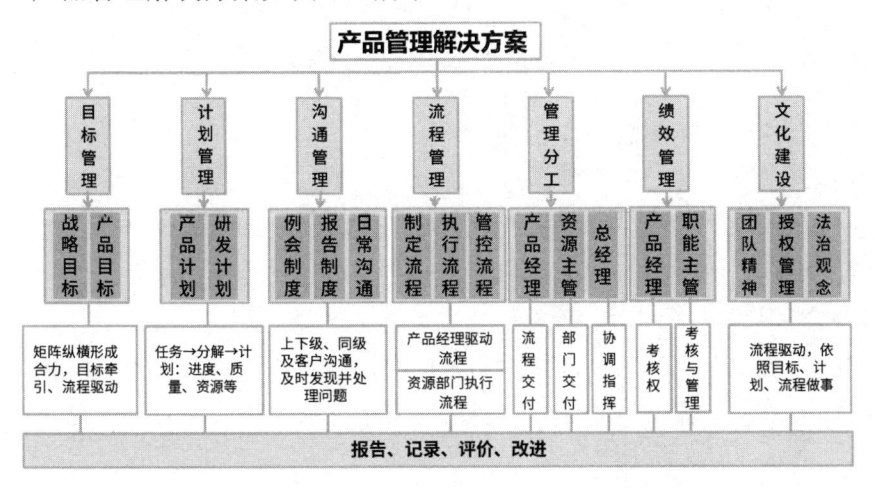

图1-3　产品管理解决方案

1.1.3　产品管理团队

从职能型组织管理转向矩阵型（职能+流程）组织管理，产品经理负责横向流程管理，各职能部门负责流程的分段实施，共同实现产品管理目标。

1．产品经理团队的组成与职责

产品经理是产品管理的核心角色，产品经理团队的数量依据企业产品线的规模确定，需要做产品研发的上、中、下游管理，以及产品生命周期管理与品牌管理，如图1-4所示；每条产品线需明确负责人（如产品总监、总师等），可分段组合设专职或兼职产品经理，形成产品经理团队。

5

图 1-4　产品经理（团队）职责与能力要求框架

2. 产品经理团队的组织机构

产品经理团队对外要向市场负责、向客户负责，对内要建立流程并监控流程执行。组织机构的形式受行业、企业规模、内部顶层组织机构等多重因素的影响。

（1）成立独立的市场部或产品发展部，负责产品管理。组织机构与业务域的匹配关系如图 1-5 所示，它表达了产品发展部、产品线、主运营价值链业务域之间的关系。

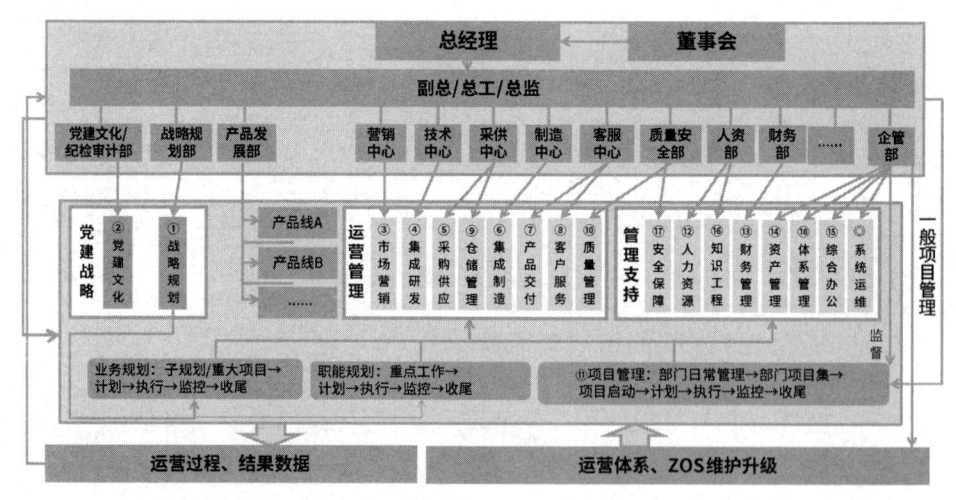

图 1-5　组织机构与业务域的匹配关系

6

（2）针对某产品线成立事业部，形成以事业部总监为核心的产品经理团队。

（3）其他部门。

组织机构形式多样，需要依据自身痛点去设置，对症下药。其核心问题还需要考虑能力建设、如何授权，以及需要对效果的滞后性有正确的认识，它是一项需要长期坚持的工作，切勿急功近利！

3．矩阵管理的难点

（1）员工面临 N（产品经理）+1（所在职能部门）个领导。

（2）产品经理的权限：普遍为非行政领导，需要做好授权与管理。

（3）产品经理的能力：普遍难以支撑产品管理需求，需要专业训练。

4．绩效考核权

对产品线经理及其代表、职能部门经理及其代表分配考核权，对员工进行定性评分考核，如图 1-6 所示。

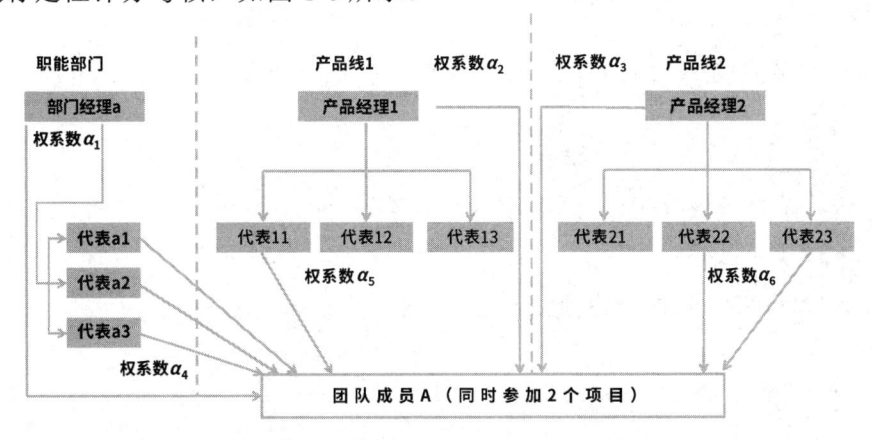

图 1-6　团队成员绩效考核权分配

在信息化运营管理平台投入运行后，绩效考核应逐渐转向定量化考核发展，详见第 6 章。

1.2 产品经理专项能力要求

1.2.1 财务能力

1．成本核算能力

好的产品经理没必要拥有财务专业学位与专业能力，但必须具有产品成本核算方面的财务技能，以便有能力做好以下两件事。

（1）确定最佳定价策略。需要考虑的主要财务指标影响因素包括：市场价格、品牌溢价、批量阶梯价格、客户投资回收期、我方成本利润及投资回收期。

（2）制定可靠的营销策划方案。需要考虑的主要财务指标影响因素包括：折扣方案、直接与间接营销费用的核算与控制。

2．重要财务技能

（1）理解成本结构与收益减损。
（2）理解我方及客户投资回报率概念。
（3）产品定价能力。
（4）价格与成本趋势预测能力。

1.2.2 情报收集能力

1．外部信息

外部信息包括细分市场规模和增长率、客户期望、竞争产品与竞争策略、监管要求与限制、经济和政治因素，以及各因素的发展趋势或变化。如运用情报收集的 TIME 分类法：

第1章 产品全生命周期管理

（1）T——技术（Technology）

新技术、新工艺带来的机遇和风险。

（2）I——产业（Industry）

评估特定产业的"吸引力"，对准备新进领域可采用波特（Porter）五力产业分析模型进行分析。

（3）M——市场（Market）

产品经理：

① 不是直接向客户销售产品，而是帮助客户购买产品。

② 吸引和保持住优质客户的能力，是企业战略实现的基石；相比于产品销量的增加，产品经理应更加关注优质客户量的保持与增加。

③ 划分细分市场，制定细分标准，获取相应情报与需求。

④ 学会"选择"，意味着在资源不足的情况下，需选优、弃劣。

⑤ 潜在客户与需求的挖掘、延展。

（4）E——事件（Event）

① 标准变化趋势，如驾驶证申领与使用标准，机动车环检、安检、综检、计量标准的连年变动影响等。

② 政策变化趋势，如政府环保督查对企业生产交付及成本造成的影响，机动车两检合一、三检合一政策以及放宽检验周期对机动车检测行业的影响，强军行动对军品需求的影响等。

③ 技术与工艺变化趋势，如5G、人工智能技术、应变计新材料新工艺等，新能源汽车、智能汽车的发展趋势等。

④ 宏观经济变化趋势，如近几年受国内宏观经济的影响，许多低技术、劳动密集型企业面临的转型问题，劳动力成本上升趋势对制造业竞争力的影响等。

⑤ 重大事件的预测与影响预估，如中美贸易战、美国对伊朗石油禁运、俄乌冲突等对全球经济的影响。

2．内部信息

（1）成本与财务问题

与产品定价策略、竞争策略制定等密切相关。

（2）技术能力

与判断能否实现用户定制化需求、适应未来市场变化需求等密切相关。

（3）各产品品种销量及利润贡献

便于整合、优化产品系列，提高生产效率。

（4）库存及存货周转率

便于整合、优化产品系列，控制生产与交付方式，提高资金效率。

1.2.3　其他能力

产品经理需要带领同行和跨部门团队协作，以实现产品愿景；在没有（或只有很少几个）直属下级的前提下，为产品全生命周期相关团队成员提供指导，并协助消除各种障碍和提供资源；最重要的是给出产品全生命周期中的相关决策（开发、发布、技改、退市等）依据或直接决策。

所以产品经理还需要有分析与创意能力、产品企划能力、团队领导与管理能力，这些能力的提升需要经过系统、持续的训练。

1.3　产品研发上游管理

产品研发上游管理解决如何做正确的事；中游管理解决如何正确地做事，是研发管理过程控制，详见第 3 章；下游管理解决如何推动产品上市的问题。

1．产品战略

（1）首先要开展市场调研分析，通过对市场趋势的分析，估测产品发展方向与市场容量，如图 1-7 所示。

（2）通过外部标杆分析、企业竞争分析、产品线竞争分析、核心产品竞争分析、区域竞争分析，结合自身的能力去估测市场占有率目标。

（3）制定产技规划、CBB 规划。

（4）制定科研能力规划、行动计划，支撑产技研发。

以上工作是企业制定产能、人力资源、固定资产投资等规划的基础。

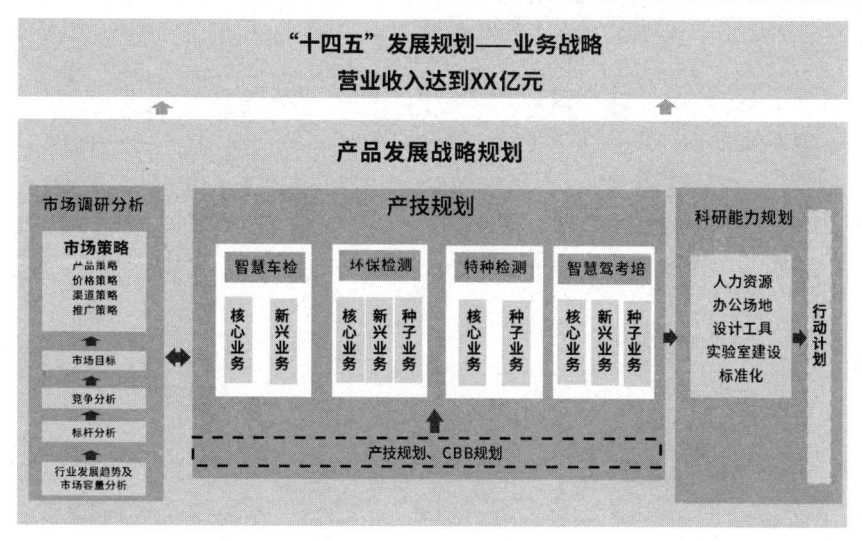

图 1-7　产品发展战略

2．宏观需求

在市场调研分析中，理解与把握市场、客户宏观需求的变化是做好产技规划的基础，要求产品经理看得远、判得准、做得快，如图 1-8 所示。

企业自身产品及服务能力与竞争对手能力重叠的区域，是竞争最为激烈的"红海"，无竞争对手的区域是"蓝海"，中间过渡区域是"黄海"，如图 1-9 所示。

（1）企业要想取得高额利润，需要比竞争对手看得远、判得准、做得快，做到研制一代、储备一代、销售一代，打造自己的蓝海，领跑行业。

（2）只要有利润存在的行业，随着领跑者出现，便会出现无数的跟随者、追赶者，处于"黄海"中的你，如何打造核心竞争力，持续保持企业"长青"就是极大的挑战。

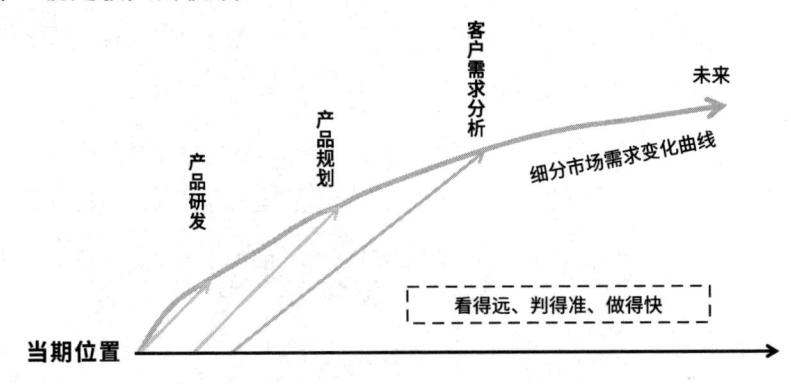

图 1-8　产品研发、产品规划、客户需求分析的关系

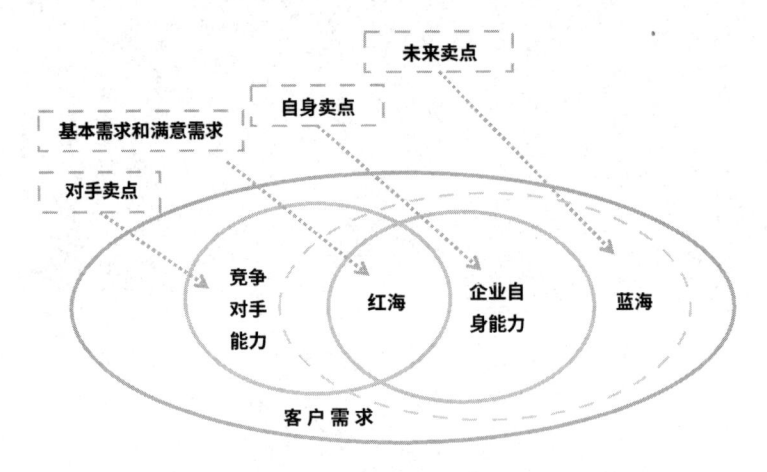

图 1-9　需求变化图

如果企业急功近利，主要精力聚焦于眼前紧急事情的处理，企业核心领导人会把自己变成"生产队长""救火队长"，那么身处激烈竞争"红海"中的你，只能是为了让企业坚强地活着而做努力了，并随时可能会被市场淘汰。

3．产技规划

产品规划 3C 战略三角如图 1-10 所示，它给出了做产品规划需要考虑的要素，包括客户要素、竞争对手要素、企业自身要素等。

第 1 章　产品全生命周期管理

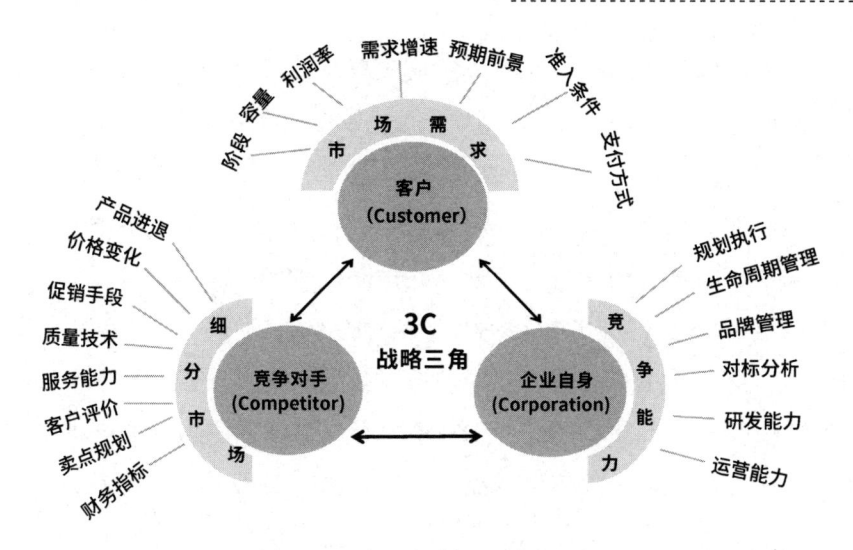

图 1-10　产品规划 3C 战略三角

（1）产品规划

企业将自身现有产品进行分类、统型整合，然后按产品层级表达出产品层次结构关系，如图 1-11 所示。

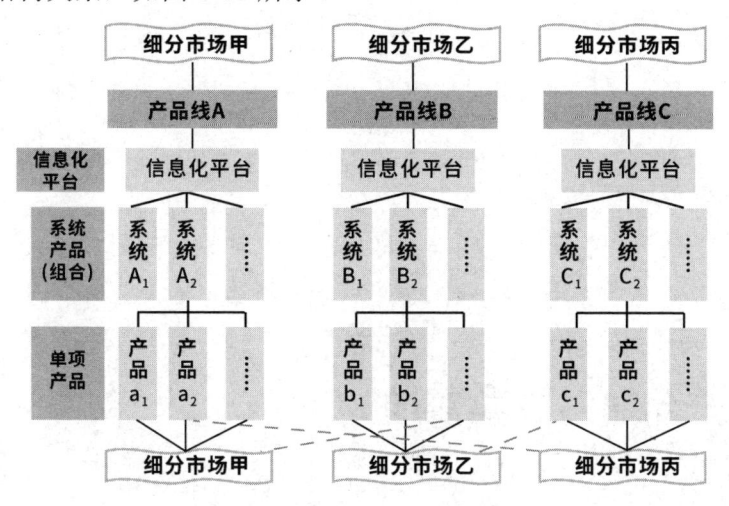

图 1-11　产品规划与细分市场

同层级产品：利用自己的技术、市场优势，横向还有协同拓展机会吗？
下层级产品：以批量自用的产品为切入口，自己还有产业化的机会吗？
上层级产品：利用自己的技术、客户关系优势，向上还有发展机会吗？

13

不停地做创新思考、系统思考，形成产品发展规划，并逐年迭代，探寻产业发展方向。

（2）技术规划

产品研发规划中，需要识别用到的关键技术，并判断企业自身是否掌握；把未掌握的技术列入技术规划，并推动技术预研。

中航电测自2017年开始启动各下辖经营单位的产技规划工作，并逐年滚动迭代，催生出了军品的直升机吊挂与投放、驾驶舱控制、旋翼刹车等多条产品线及多项产品，民品的DWS物流分选、工业物流称重、ZOS数字化运营管理平台、多源信息智能仓库等多条产品线及多项产品。

4．推动立项

在技术及资源条件、市场条件成熟时，推动立项论证与开发。

（1）对待开发产品，再次做深入细致的市场调研分析，编写市场调研与涉众需求分析报告，并形成开发初步目标（产品概念模型）。

（2）编写立项可行性分析报告。简述开发背景，描述系统目标、实施方案、技术可行性、资源需求、经济效益预估、风险分析，制订项目开发里程碑计划等，回答干成什么样、怎么干、能不能干、值不值得干、谁来干、什么时间干等问题。

（3）下达开发任务书。明确目标、任务、计划、交付物等，启动项目开发，进入产品研发中游管理，即产品研发阶段。

1.4 产品研发下游管理

1.4.1 产品验收测试阶段

1．产品验收

在研发出产品样机，并经过研发部门内部的测试团队完成系列测试工作后，需要在公司层面组织质量、客服等相关部门进行验收测试，以做好产品上市前对用户需求满足程度的确认，同时也需要选择少量用户，做现场试用验证；必要时也可委托外部测试机构测试；若属于用户定制产品，应安排用户做验收测试。

2．研发成果及资料输出

在项目确认验收之后，研发团队要做好项目收尾工作，并确认系列成果资料的归档，包括过程文档、定型文档、知识产权、论文论著等。

（1）过程文档：研究报告、测试大纲、测试报告、评审记录、任务计划等。

（2）定型文档：产品营销、产品制造、投标设计、安装指导、客户培训等所需的资料。

（3）知识产权：专利、奖励证书、资质证书、软件登记、软件著作权等。

（4）论文论著：公开发行的论文、论著，企业内部分享的论文、课件、经验教训分享资料等。

3．并行作业缩短产品上市准备时间

产品研发下游管理的核心就是解决项目收尾和产品上市问题。产品上市时间对利润的影响较大，在项目收尾阶段需要同步启动产品上市准备，有些产品上市准备工作可能开展得更早，以加快产品上市步伐。

产品上市时间对利润的影响如图 1-12 所示。对于市场应用环境成熟的产品，据某资料统计，IT 业新产品的上市时间对利润的影响巨大，研发费用和生产成本的增加在产品最终费用中的分摊占比，比产品晚上市 6 个月的分摊占比要小。但是我们目前普遍对产品上市时间管理的重要性认识不足、紧迫性不够，所以就会造成市场前期丰厚的利润拿不到，等到市场高峰过去，产品总销量与总收入便得不到期望的份额，分摊到产品的最终成本就会大大增加。所以不仅要看得远，还要干得快，快速推动产品上市，抢占先机。

打造数字化研发流水线

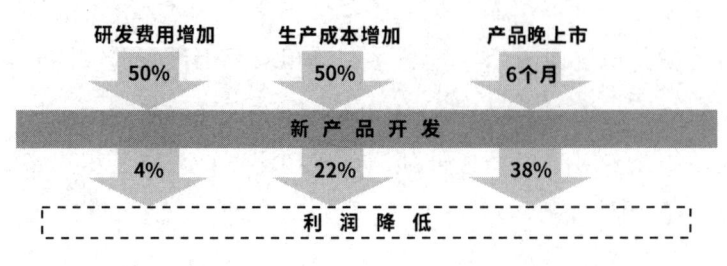

```
研发费用增加      生产成本增加      产品晚上市
   50%              50%            6个月
    ↓                ↓               ↓
┌─────────────────────────────────────────┐
│           新 产 品 开 发                 │
└─────────────────────────────────────────┘
    ↓                ↓               ↓
   4%               22%              38%
┌─ ─ ─ ─ ─ ─ ─ ─ ─ ─ ─ ─ ─ ─ ─ ─ ─ ─ ─ ─ ─┐
          利 润 降 低
└─ ─ ─ ─ ─ ─ ─ ─ ─ ─ ─ ─ ─ ─ ─ ─ ─ ─ ─ ─ ─┘
```

图 1-12 产品上市时间对利润的影响

1.4.2 产品发布阶段

制定发布方案，一般分为预发布阶段和正式发布阶段，如图 1-13 所示。

```
发布策略制定  →  发布准备  →  预发布  →  正式发布

● 产品总体发布策略     受控宣传与受控销售
  分地区、分客户群   ● 产品命名
                   ● 发布资料准备
                   ● 各类培训准备
                   ● 认证测试/准入
                   ● 产品市场定价
                                                ● 产品发布会/活动
                                                ● 技术交流/研讨/现场会
                                                ● 展览
                                                ● 网站/媒体/广告宣传
                                                ● 文章/刊物展示软实力
                                                ● 渠道推广
                        ● 产品小批试用/改进完善
                        ● 生产供货准备
                        ● 安装服务准备
                        ● 销售渠道建立
```

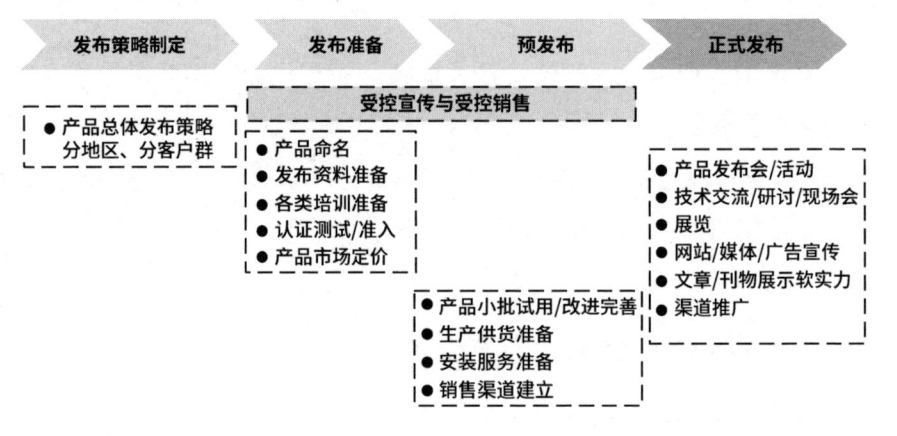

图 1-13 制定发布方案

1．发布策略制定

依据不同地区、不同客户群的需求特点，制定发布策略。发布策略包括产品策略、价格策略、渠道策略、推广策略、服务策略、客户关系策略等。

2．发布准备

（1）产品命名：产品的命名需要考虑用户视角的可辨识性、型号系列的统一性、对国家标准及行业用户习惯的依从性等。

（2）发布资料准备：市场的宣传资料，做各种讲解的课件资料，还有一些针对外部、内部的培训资料等。

（3）各类培训准备：策划企业自己组织的培训活动，策划参与行业各种培训活动。

（4）认证测试/准入：对于需要取得行业相关上市资质的产品，还需要由第三方检验认证机构进行产品检验认证，并取得相关证书。

（5）产品市场定价：进行成本核算及竞品价格策略分析，针对不同区域、不同客户群，做好产品的定价策略。

3．预发布

产品研发完成后，需要找部分关系可靠的客户进行试运行，本质上仍是一个试用阶段。

（1）产品小批试用/改进完善：该阶段是小批量控制性市场投放，对区域、客户需要进行选择与协商。对于使用过程中发现的一系列问题，需要及时改进完善。

（2）生产供货准备：供应链的供应能力、生产能力准备。

（3）安装服务准备：安装手册、操作使用手册、维护手册、售后团队、备品备件，以及相关绩效管理等制度。

（4）销售渠道建立：需要建立直销、代理商、渠道商、中间商等渠道，并策划运营管理模式（产品销售、租赁、自运营等）。

4．正式发布

（1）产品发布会/活动：发布会形式、规模、对象、媒体宣传。

（2）技术交流/研讨/现场会：通过各种行业或企业自己组织的技术活动，做好产品技术特点、卖点的宣传工作。

（3）展览：展会选择、策划、信息跟踪。

（4）网站/媒体/广告宣传：策划在网站、各种电子自媒体、专业公众媒体如何做好宣传。

（5）文章/刊物展示软实力：通过微博、公众号、报刊、专著等展示软实力。

（6）渠道推广：通过已有渠道和新拓展的渠道进行推广，进一步打造产品生态链。

1.4.3 市场推广策划

市场推广策划是市场发布策略的延续。为了做好市场推广，需要再次分析客户的需求，审视随着时间的推移客户需求是否发生变化，运用推广工具帮助我们开展推广工作，按照推广步骤实施推广，如图1-14所示。

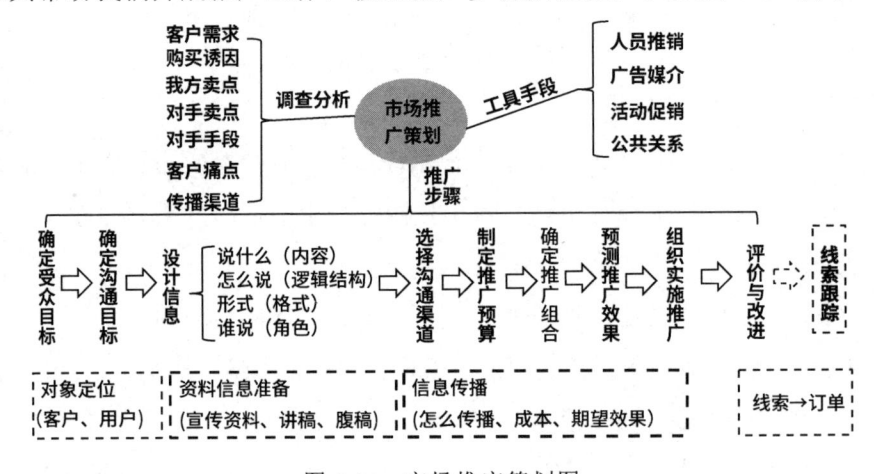

图1-14 市场推广策划图

1. 调查分析

（1）客户需求：客户现在的需求是否还是当初的需求？有何变化？

（2）购买诱因：客户购买的诱因或动机是什么？是自己主动购买，还是被动购买？不同的诱因要采用不同的营销手段。

（3）我方卖点：在复杂的竞争环境中，客户有多种选择，需要找出让客户选择我们产品的理由。

（4）对手卖点：客户为什么买竞争对手的产品？它的优势是什么？我们怎么办？

（5）对手手段：竞争对手用什么样的营销手段？我们怎么应对？

（6）客户痛点：客户为什么需要这个产品？该产品是否可被替代？

（7）传播渠道：当前渠道有哪些？今后如何拓展？

2．推广步骤

（1）确定受众目标：需要按不同受众，制定不同的推广细化策略。

（2）确定沟通目标：在受众群体中，识别关键干系人并进行沟通，确定经过沟通想要达到的目标。

（3）设计信息：为了达到目标，需要策划沟通内容（写、说什么）、沟通方法（语言逻辑结构，如何快速精准表达）、沟通形式（非正式交流、正式汇报、讲座等），以及由谁负责沟通。

（4）选择沟通渠道：直接联系、中间商、展会、媒体、推介会等。

（5）制定推广预算：对于大型活动，需要制定经费预算。

（6）确定推广组合：面向待发布产品相关的客户，我们还有哪些产品是他们现在感兴趣的，经过引导未来有可能会感兴趣的？产品本身有哪些组合形态可以给客户解决更多的问题？

（7）预测推广效果：策划这一系列活动，最终想要达到的效果。

（8）组织实施推广：按计划实施，做好相关记录，并及时纠偏。

（9）评价与改进：事后需要总结复盘，提炼经验与教训，便于以后活动的改进。

（10）线索跟踪：推广活动中获取的各种线索，需要记录与跟踪，提高从线索到订单的转化率。

1.5 产品运营管理

1.5.1 产品全生命周期管理的主要内容

1．产品全生命周期的概念

产品全生命周期包括产品的规划、开发及上市运营等阶段，是产品从孕育到消亡的全过程，如图 1-15 所示。

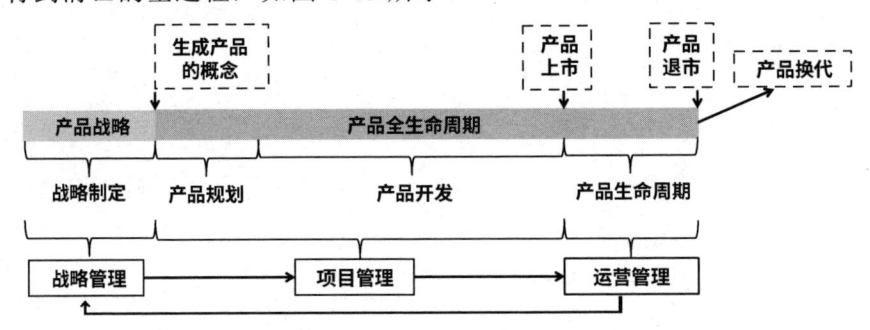

图 1-15　产品全生命周期

产品生命周期（Product Life Cycle）也称商品生命周期，是指产品从准备进入市场开始到被淘汰退出市场为止的全部运营过程，是由需求与技术的生产周期所决定的。它是产品或商品的经济寿命，即在市场流通过程中，由于消费者的需求变化以及影响市场的其他因素所造成的商品由盛转衰的周期，是由消费者的消费方式、消费水平、消费结构和消费心理的变化所决定的。产品生命周期一般分为导入（进入）期、成长期、成熟期（饱和期）、衰退（衰落）期等 4 个阶段。

中航电测 ZOS 运营价值链，贯穿"市场营销→集成研发→采购供应→集成制造→产品交付→客户服务"整个流程，包含了产品全生命周期管理的全过程，如图 1-16 所示。

图 1-16　中航电测 ZOS 运营价值链

2．新老产品生命周期切换

在产品生命周期的 4 个阶段中，产品的衰退（衰落）期，要提前确定产品的退市时间，精准把握新产品的上市时间。不要被动地因为政策或市场波动，导致新产品无法第一时间发布、老产品无法售卖，最终错过市场机会，或导致库存积压与损失，如图 1-17 所示。

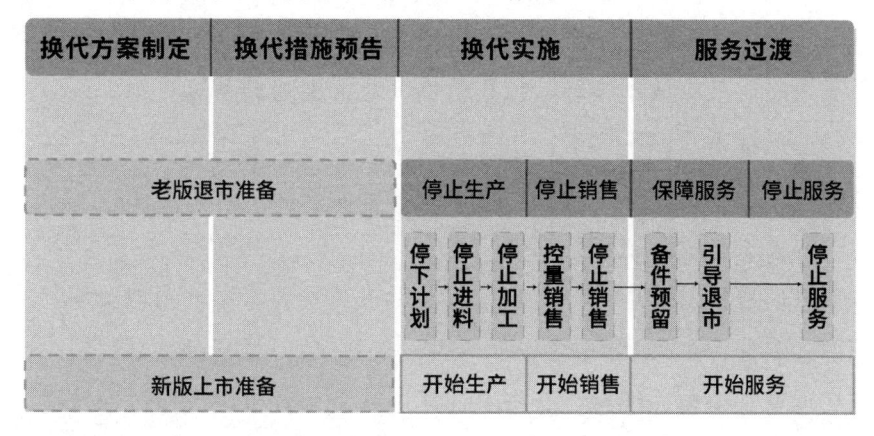

图 1-17　新老产品生命周期切换

3．产品全生命周期管理的主要内容

产品经理团队需要充分地协调资源，管控好产品运营的所有环节，如图 1-18 所示。

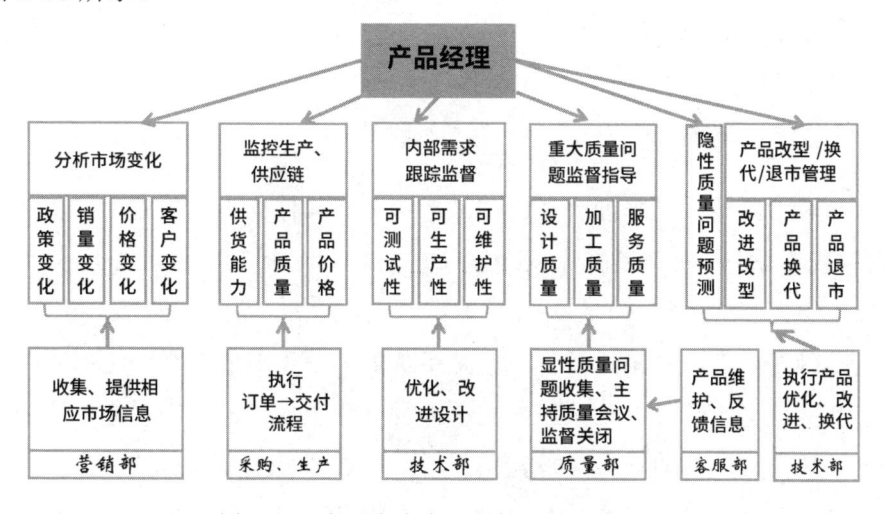

图 1-18　产品全生命周期管理的主要内容

（1）分析市场变化

准确地把握产品的政策、销量、价格、客户等变化情况，及时掌握市

场动态，制定与实施应对策略。

（2）监控生产、供应链

根据市场需求变化的预测，及时干预、调整供货能力；跟踪与监督处理产品生产质量、成本控制、市场价格变化的跟随调整等问题。

（3）内部需求跟踪监督

跟踪产品制造过程中反馈的问题，协同相关部门解决问题。

（4）重大质量问题监督指导

质量问题目前普遍是在用户使用过程中被发现，再被动地反映到质量管理部门去分析和处理的，这些都是事后被动地对显性质量问题进行处理。产品经理要主动地通过对一些细节问题的收集与分析，或通过已发现的问题举一反三，来预测相应产品的隐性质量问题，提前做好预防，去治"未病之病"。

（5）产品改型/换代/退市管理

提前策划产品的改型、换代、退市等工作，做好老产品和新产品的衔接。

1.5.2 品牌管理

1. 认识品牌

品牌的本质是品牌拥有者的产品、服务或其他优于竞争对手的优势能为目标受众带去同等或高于竞争对手的价值，包括功能性利益和情感性利益。

品牌是给拥有者带来溢价、产生增值的一种无形的资产，它的载体是用于和其他竞争者的产品或服务相区分的名称、术语、象征、记号或者设计及其组合，增值的源泉来自消费者心中形成的关于其载体的印象。

品牌更多承载的是一部分人对品牌商产品及服务的认可，是一种品牌商与顾客购买行为相互磨合衍生出的产物。

认识一个品牌可以通过图1-19中的7个维度进行。

第1章 产品全生命周期管理

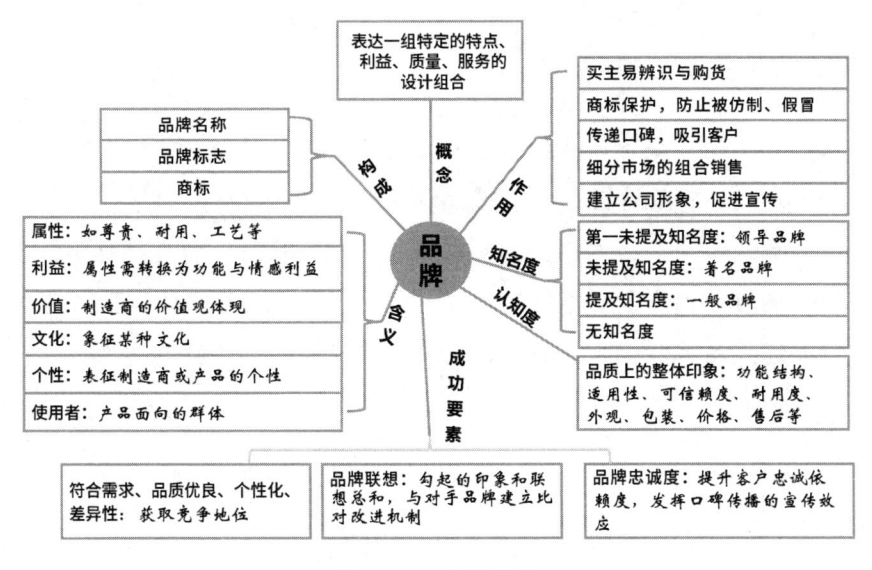

图 1-19 认识品牌

2. 品牌决策流程

并不是所有的产品都需要树立品牌，而是要选择一些战略性的、构成长期核心竞争力的产品，去专门维护、构建产品的品牌。品牌决策流程如图 1-20 所示。

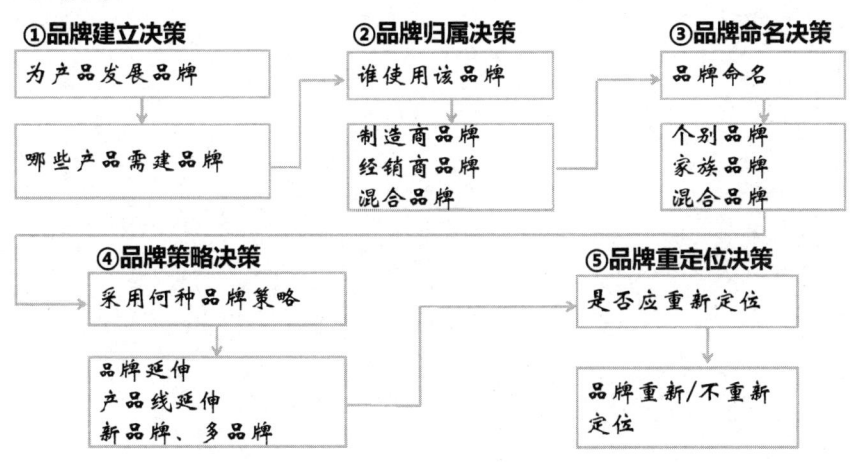

图 1-20 品牌决策流程

23

3．品牌策略实施

在品牌实施策略中，我们通过4个角度来展开分析实施的策略。

（1）通过广告媒介的宣传打造品牌的广告效应。

（2）通过不断的技术创新、质量提升，使品牌的生命力能够延续。

（3）通过系列产品、家族式产品，使用户的多样性需求得到满足。

（4）通过品牌联合，双方促进，共同构建新的利益共同体。

第 2 章　研发管理方法简介

现有的产品研发模型，均源于软件开发，最早出现的是瀑布模型，其后的模型对瀑布模型进行了一系列的改进。总体而言，这些开发模型是在实践中不断继承发展的，每种开发模型都有其优缺点和适用场景。

本章概要介绍瀑布模型、增量模型、快速原型模型、螺旋模型和 V 模型等，了解这些模型的发展演变历史，有助于更好地理解和应用现行的产品研发模型，尤其是从解决研发项目管理问题的角度，结合企业实际情况找到一条研发管理模式（如 IPD）本地化的路径。

2.1　流程控制基本模型

2.1.1　瀑布模型

瀑布模型严格按照阶段进行顺序开发，保证了软件开发的有序规范，如图 2-1 所示。瀑布模型让软件开发从小作坊时代进入大批量生产时代，实现了从无序到有序的管理转变。瀑布模型通常适用于需求在项目初期就已确定且在开发过程中变化极小的情形。

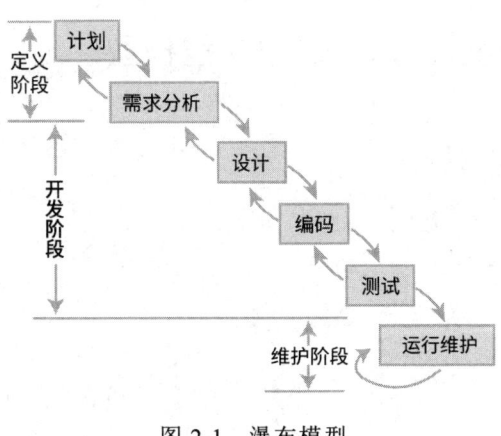

图 2-1　瀑布模型

瀑布模型的缺点是强调顺序性和依赖性，它是一种串行开发模型，会导致项目交付慢、资源利用效率低等问题。

2.1.2 增量模型

增量模型把软件作为一系列的独立功能模块来开发，每次增量都形成新的一个具备独立功能的模块，通过不断地增量，直至完成整个产品研发，如图 2-2 所示。在一些大型软件的开发中，将大软件拆分成多个相对独立的小软件同步开发，最终统一交付和运行。增量模型通常适用于大型且易于拆分成相对独立的子系统的软件。

图 2-2 增量模型

增量模型的缺点是对已完成的增量进行需求变更的成本很大，软件开发过程虽然可以并行，但是软件整体的运行维护需要各个增量完成之后才可以进行。

2.1.3 快速原型模型

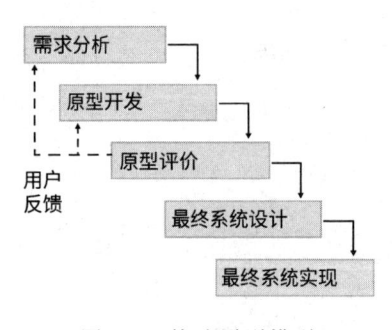

快速原型模型是增量模型的另一种形式，在系统设计阶段，通过原型辅助软件迅速构建一个可以展示的程序，以便理解和澄清问题。通过直观展示，与客户进行多轮需求沟通，进而丰富和细化软件需求，开发人员据此对原型不断完善，客户满意后再进行软件的完整实现、测试和维护，如图 2-3 所

图 2-3 快速原型模型

示。快速原型模型通常适用于需求复杂且不确定的软件系统以及通过原型与客户沟通以进一步明确需求的情形。

快速原型模型的缺点是前期需要客户大量的参与；客户的认知程度加上连续的修改可能会导致产品质量低下；使用的前提是要有一个展示性的产品原型，这在一定程度上可能会限制开发人员的创新。

2.1.4 螺旋模型

在瀑布软件开发方法中，风险管理一直被忽视，因缺少风险管理，导致大型项目的管理难度增加，项目失败率上升。螺旋模型在瀑布模型和快速原型模型的基础上，在每个原型中都引入风险分析，如图 2-4 所示。螺旋模型适用于大型复杂且高风险的系统软件的开发。

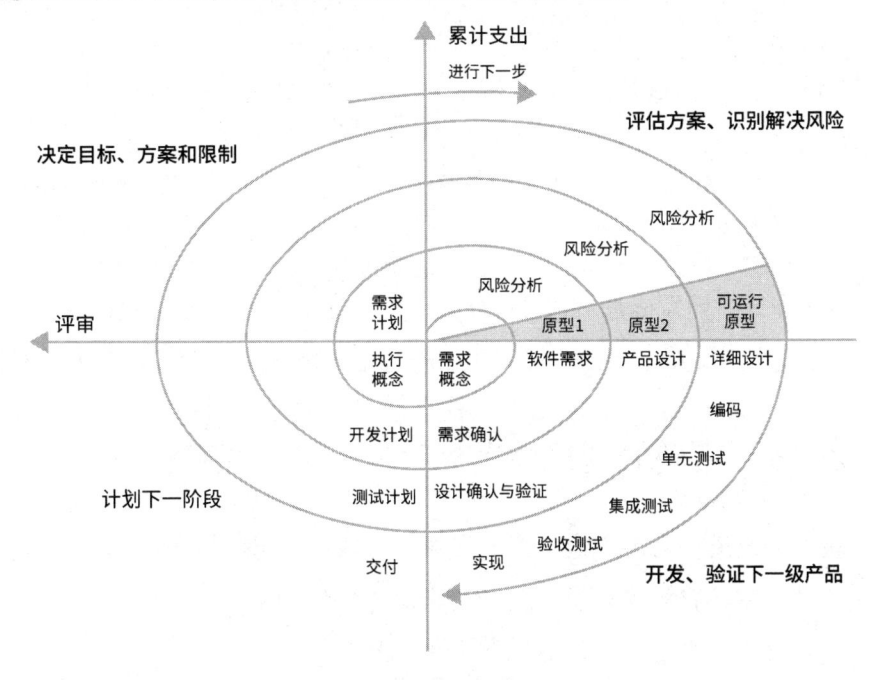

图 2-4 螺旋模型

螺旋模型的缺点是过分依赖风险分析经验与技术，一旦风险分析过程中出现偏差，将造成重大损失；灵活的开发过程会造成与客户的协调困难；

由于只适用于大型软件，因此过大的风险管理支出会影响客户的最终收益。

2.1.5 V 模型

V 模型是瀑布模型的延展与阶段的细化，自顶向下分解设计，自底向上集成验证，形成 V 字形。V 模型指出了软件开发中的各个阶段及其对应测试阶段之间的关系，对测试分层理论和测试知识体系产生重大影响，提升了软件开发质量，如图 2-5 所示。V 模型一般适用于对质量要求较高的软件，如国防、航空等领域的系统。

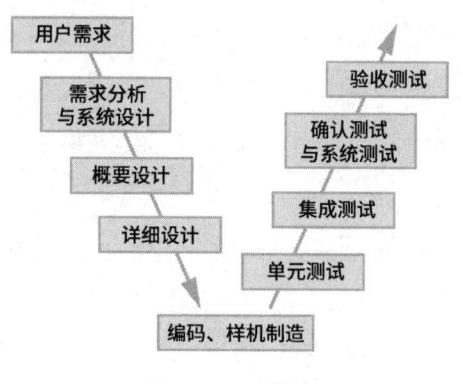

图 2-5　V 模型

V 模型的左侧主要是设计（做什么，怎么做），底部主要是实现（按左侧设计要求做软件编码、系统产品样机制造），右侧主要是测试（做得怎么样）。

2.1.6 模型的延展

软件开发模型与时俱进、不断发展，从软件 V 模型又延展成系统集成产品（机、电、软集成）研发的 V 模型。

但无论何种模型，最终都离不开要回答以下问题：

做什么：市场调研、需求分析、立项论证，确保做正确的事。

怎么做：概要设计、详细设计、样机制造（软件编码），确保正确地做事。

做得是否正确：测试、评审、仿真控制，以及风险控制等。

迭代完善：需求是逐渐明细的，尽量在前端明确需求，以减少迭代。

2.2 军品研发流程

2.2.1 现有军品研发流程

我国军品研制是按照 GJB 9001C—2017《质量管理体系要求》以及 GJB 2993—97《武器装备研制项目管理》规定的研制阶段进行研发的，不同行业、企业在通用框架和要求的基础上形成了更加细化的研发过程，如图 2-6 所示。军品研制的 F、C、S、D、P 阶段，本质上是 V 模型中设计、实现、测试的多轮迭代。

军品研制阶段及转阶段说明：

（1）论证阶段（L）：主要任务是通过论证和必要的试验，初步确定战术技术指标、总体技术方案以及初步的研制经费、研制周期和保障条件，编制《武器系统研制总要求》。

（2）方案阶段（F）：主要任务是根据经批准的《武器系统研制总要求》，开展武器系统研制方案的论证、验证，形成《研制任务书》。

（3）工程研制阶段（C、S）：主要任务是根据经批准的《研制任务书》进行武器装备的设计、试制和试验。以军机为例，工程研制阶段又分为初样阶段（C）和试样阶段（S），地面试验阶段为初样阶段，空中试验阶段为试样阶段。

（4）设计定型阶段（D）：主要任务是开展性能试验和状态鉴定审查，对装备性能指标是否达到批准的装备立项批复、研制总要求、鉴定定型试验总方案等规定的标准进行评价，对装备小批量试生产工艺和生产条件进行审查，确定装备是否可移交并开展作战试验。

（5）生产定型阶段（P）：主要任务是开展在役考核试验和列装定型审

查，对装备是否满足立项批复、研制要求明确的装备战术技术性能、作战效能、适用性和鉴定定型试验总方案规定的试验内容进行评价，对装备是否具备完成规定使命任务的能力进行评估，对装备批量生产（或稳定生产）工艺和生产条件进行考核，确定装备是否可列装、生产及交付部队。

（6）转阶段评审：是指在研制过程中的重要节点上为确定现阶段工作是否满足既定要求所进行的评审。2010年发布的《武器装备质量管理条例》规定，军队有关装备部门应当按照武器装备研制程序，组织转阶段审查，确认达到规定的质量要求后，方可批准转入下一研制阶段。

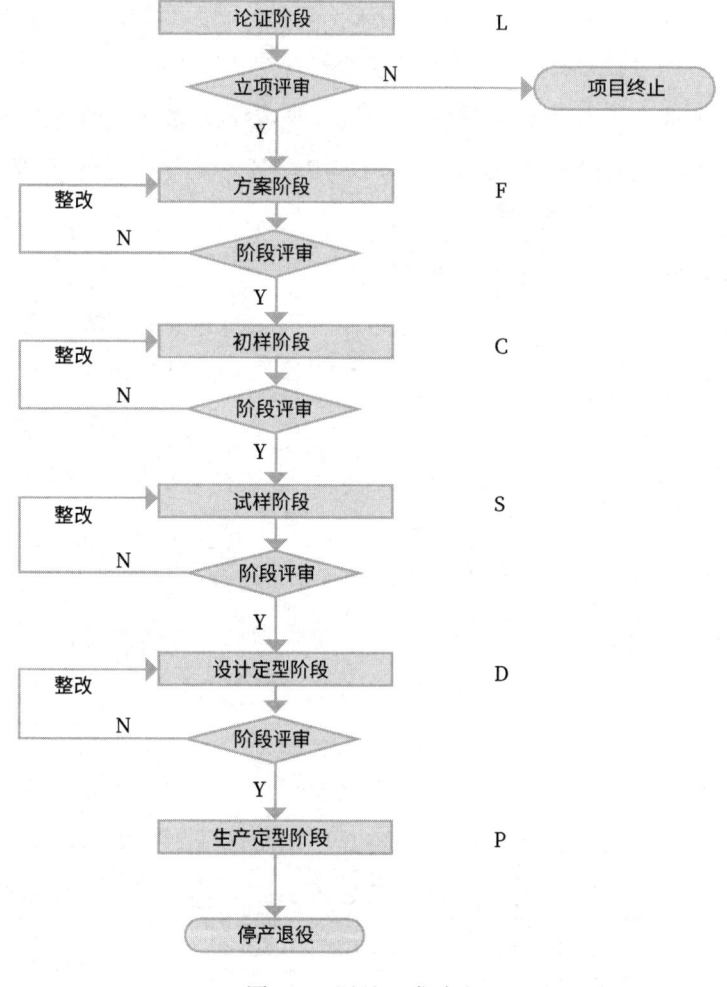

图 2-6　军品研发流程

2.2.2 军品研发的特点

军品研发与手机等市场化产品研发显著不同，有其突出的国防属性和行业特点。

1．多品种、小批量

目前，我国的国产飞机产品涵盖歼击机、轰炸机、运输机、教练机、侦察机、直升机、强击机、无人机、特种飞机、支线客机、通用飞机等系列，包括上百种机型。但根据 *World Air Forces* 2020 发布的数据，我国战斗机保有量为一千多架，从整机种类和数量上来看，就是典型的多品种、小批量。整机的这一特点同时决定了给整机配套的子系统、部件也是多品种、小批量的。

多品种、小批量的特点决定了军品研发的上游设计难以形成很细致的专业化分工，一个设计员要负责多型产品研发甚至要跨品类研发；因为专用件种类繁多，中游制造很难建设批量生产线；下游采购因为采购量小而采购困难，量少的物料避免独家供应商也很难。

这与手机等民品研发后的大批量生产、销售有很大不同，在引入华为 IPD 时，这些不同是造成 IPD 本地化的主要障碍。

细分市场规模和增长率、客户期望、竞争产品与竞争战略、监管要求与限制、经济和政治因素，以及各因素的发展趋势或变化都有军品自身的特殊性。

2．长周期

某隐形战斗机从开始研制到列装部队历时 20 多年，其间需要两代人来接力完成，这与手机每年一个或更多升级机型有着巨大差异。如此长的研发周期，一是要求研发人员尽量保持稳定，二是同一研发人员要同时担负多个机型配套产品的研制任务。

3. 定制开发

军品是典型的按照客户需求进行定制开发的产品，因为承制厂家要花费大量资源进行研发投入，所以产品定型以后的批量采购一般均从原研制厂家直接采购，是典型的谁研发、谁收获批产订单。军品研发生产不同于民品，民品要先研发，再生产，最后找到客户去销售。

2.3 MBSE 简介

2.3.1 MBSE 发展规划

2007年，国际系统工程学会（INCOSE）在《系统工程2020年愿景》中，正式提出了MBSE（Model-Based Systems Engineering，基于模型的系统工程）的定义，规划在2025年之前将MBSE方法逐步定义成熟，如图2-7所示。

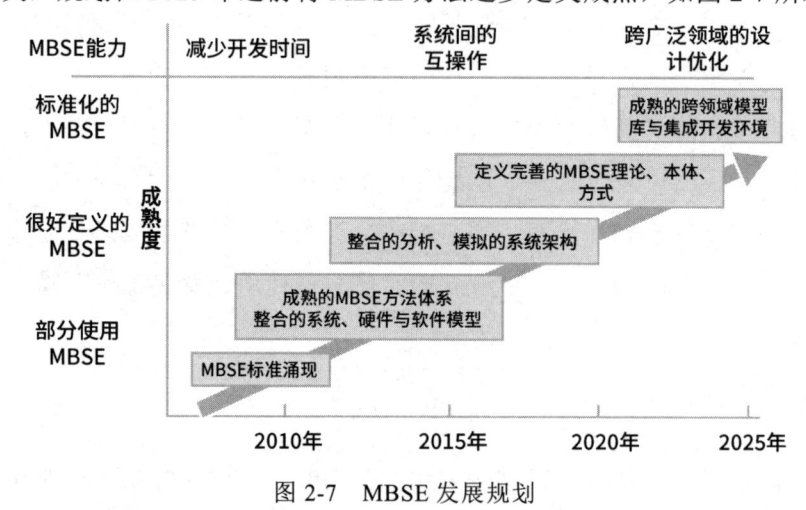

图2-7 MBSE 发展规划

2.3.2 MBSE 核心思想

MBSE的核心思想是模型驱动设计，即在系统工程V模型（需求、设计、实现、验证和确认）中的所有元素都由系统模型统一进行数据和信息的关联，将系统模型与传统的设计手段（如动态系统仿真、几何建模、CAE分析等）有机地结合起来，并在迭代活动中始终保持数据传递的一致性，如图 2-8 所示。

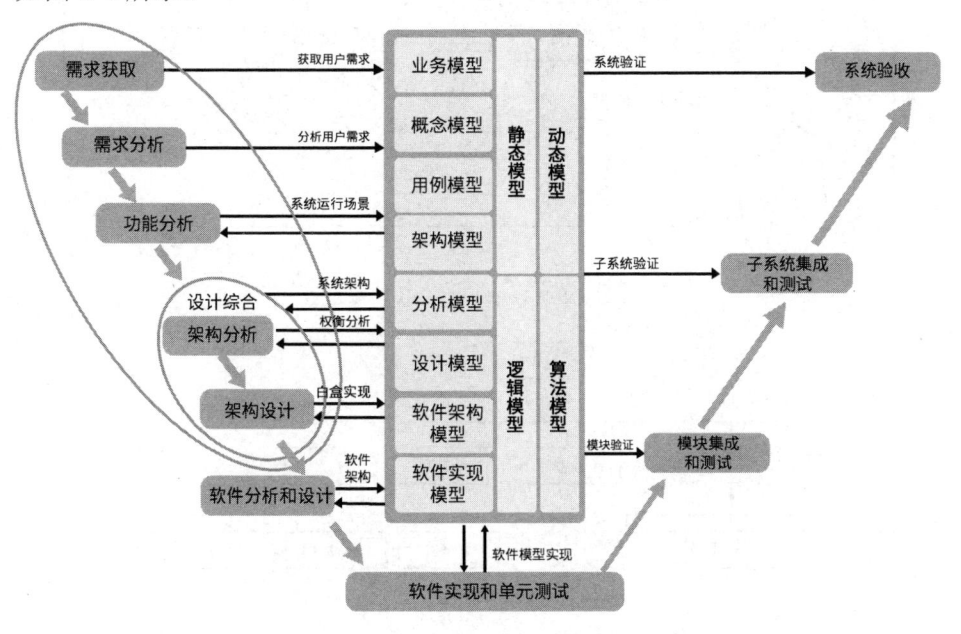

图 2-8 基于模型驱动的系统工程

2.3.3 MBSE 的三大支柱

建模方法、语言和工具是 MBSE 的三大支柱。

1. 建模方法

当前，国际学术界、工业界普遍倡导和应用的 MBSE 方法包括 IBM 的 Harmony-SE 方法（见图 2-9）、INCOSE 面向对象的系统工程方法、VitechMBSE 方法论和 JPL 状态分析等。

SysML（System Modeling Language）模型分类与建模过程如图 2-10 所示。

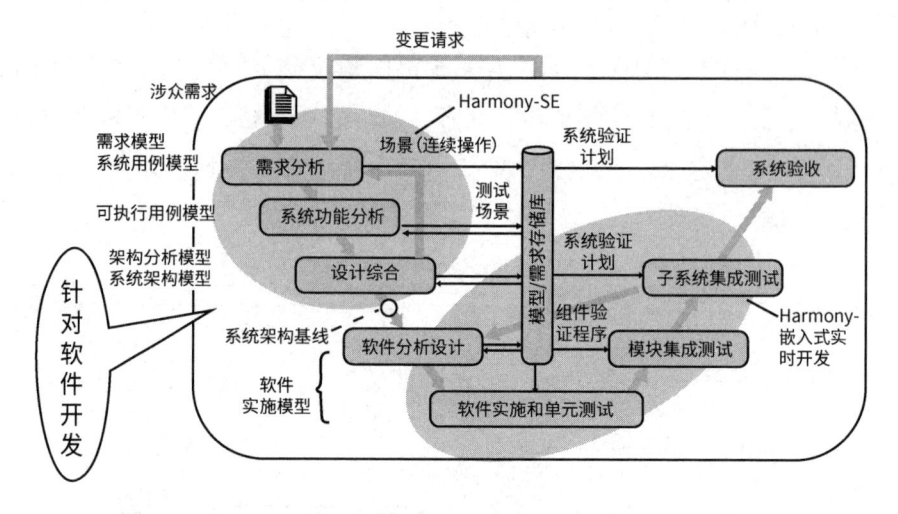

图 2-9　Harmony-SE 方法

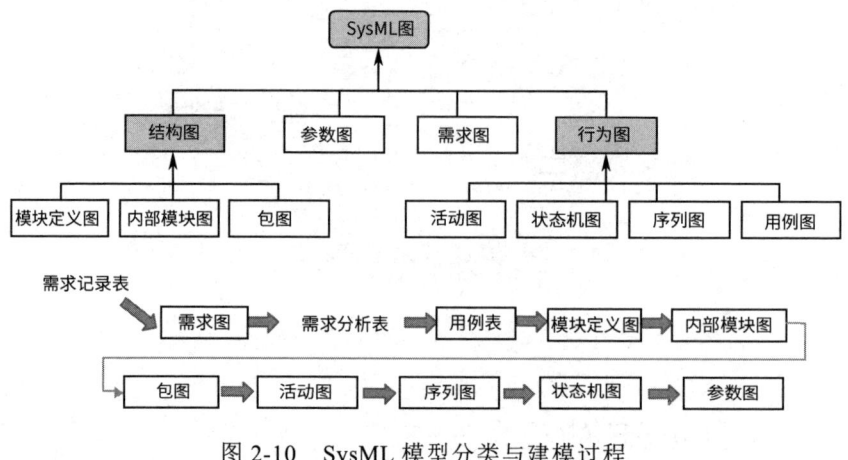

图 2-10　SysML 模型分类与建模过程

2. 建模语言和工具

（1）对象管理组织（Object Management Group，OMG）发布的系统建模语言为 SysML，建模工具为 EA（Enterprise Architect）。

（2）IBM 公司开发的 Harmony-SE 流程，基于 IBM Rhapsody 建模工具，使用 ArchiMate/SysML 建模语言。

2.3.4 复杂系统验证应用

1. 传统系统工程

（1）各个专业设计领域都使用专业模型和仿真方法来验证设计。

（2）整个系统运行逻辑和状态的描述主要采用文本描述。

（3）系统整体验证主要依靠实物验证，验证周期长，无法保证技术状态。

如果没有提前发现以前系统设计中的问题，进入物理阶段后的设计修改成本将非常高，这也将严重影响系统的开发进度。

2. MBSE

（1）可执行动态视图模型，可以在一些模型执行机制的支持下预先验证系统的运行逻辑。

例如，IBM 的 Harmony-SE 方法主要从服务请求驱动的角度分析复杂嵌入式系统的交互和响应问题，并将系统活动逻辑和状态转换逻辑转换为时序进行比较和验证，从而保证系统顶层逻辑设计的正确性，进而产生功能分配方案和物理组件接口方案，并交付具体的软/硬件开发。

（2）整个动态可执行任务模型可以通过 SysML 语言（或 ArchiMate）中 4 类模型（9 种图形）之间的元素关联来构建，如需求、行为、结构、参数等（见图 2-10），验证系统在特定任务中的运行情况。

结构模型：强调系统的层次以及对象之间的相互连接关系，包括类和装配。

行为模型：强调系统中对象的行为，包括它们的活动、交互和状态历史。

需求模型：强调需求之间的追溯关系以及设计对需求的满足关系。

参数模型：强调系统或部件的属性之间的约束关系。

（3）在通过技术手段将系统模型与单个专业模型集成以增强模型的计算能力之后，可以显著地增强整体的高级仿真模拟能力。

2.3.5 MBSE 语义解读

1. MB

MB 是 Model-Based（基于模型的）的首字母缩写。

模型的概念目前被广泛使用。在系统建模中，对研究的实体进行必要的简化，并用适当的变现形式或规则把它的主要特征描述出来，所得到的系统模仿品称为模型。

此处的模型特指 SysML 语言（或 ArchiMate）中用需求图、行为图、结构图、参数图等来构建各要素及要素之间的关系。

2. SE

SE 是 Systems Engineering（系统工程）的首字母缩写。

（1）系统思想

① 整体性：研究系统结构与功能的关系，提高系统整体性能，即"1+1>2"，并使其最大化。

② 开放性：与环境相互作用，相互依存，即系统内部相互作用、系统外部与其他系统或更大系统连接。

③ 层次性：大系统可以包含小系统，形成上下层次关系，同时还需考虑同层级的左右关系。

④ 动态性：需要适应信息流、物质流、能量流、资金流等的动态变化，如自然环境变化，发展过程中政策、标准、需求等的变化。

（2）系统集成

运用系统思想，根据用户需要，优选各种技术和产品，将各个分离的子系统连接成一个完整、可靠、有效的整体，使之能彼此协调工作，发挥整体效益，达到整体性能最优。

（3）系统工程

将整个系统作为研究对象，从系统的整体出发，采用最合理、最经济、最有效的组织管理方法和技术，达到系统的目的。

关键：使系统达到最优化。

例如，运用系统思想，集成各种技术、方法、工具要素，去构建研发管理体系，并开发出一体化的信息化管理系统，去支持整体研发工作，这就是 SE。而如果使用碎片化的思维，即使应用模型去表达，其结果表达的也只是碎片化的工程，而非 SE。

2.3.6　MBSE 研发管理应用问题思考

1．需求管理与其他研发软件如何结合

用 SysML 或 AchiMate 建模后，后继的需求分析、传递、转换、控制、状态管理，与其他研发管理软件（如 PLM、PDM、DOORS、PM 等）及工业设计软件（机械类 UG、CATIA 等，电子类 Multisim、Proteus 等，工艺类 CAPP 等）之间如何结合？

2．简单产品如何应用 MBSE

MBSE 是面向复杂系统建模的，SE 是普适的，但做部件级或简单产品的企业，准备用 MBSE 中 MB 解决什么问题？投入产出比如何？

3．SE 和项目管理如何结合

我们在各种项目管理推进中，有没有 SE 思想？是否考虑到系统的整体、开放、层次及动态性？

4．研发信息化是否应用了 SE 思想

有没有使用 SE 思想去思考我们的业务逻辑关系，使得信息化不再是孤岛式建设？

37

2.4 IPD 简介

2.4.1 IPD 的起源

IPD 的雏形、诞生和发展与三家知名公司渊源颇深，它们是美国的 PRTM 公司、IBM 公司和中国的华为公司。

1. PRTM 公司

PRTM 公司最先于 1986 年提出了基于产品及周期优化法理念的产品研发流程。之后，许多公司把这一流程作为最佳实践模型引进产品研发流程。1992 年，PRTM 公司的创始人之一——迈克尔·E. 麦格拉思发表著作《培思的力量：产品及周期优化法在产品开发中的应用》，标志着产品及周期优化法体系的成熟，该书被称为新产品研发流程管理的"圣经"。

2. IBM 公司

1992 年，在激烈的竞争中 IBM 遭受了巨大的经营挫折，为摆脱经营困境，IBM 在仔细分析了自身的产品研发情况后，实施了以系统性研发管理解决方案为核心的企业再造方案。

在研发管理方面，IBM 在 1993 年引进了 PRTM 公司的 PACE（Product And Cycle-time Excellence），实施 3 年后获得了巨大成功，并在 PACE 的基础上总结出了一套行之有效的产品研发模式——IPD，如图 2-11 所示。大名鼎鼎的 IPD 在 IBM 正式诞生。

在 IBM 成功经验的影响下，众多世界知名公司在新产品研发管理体系中开始采用 IPD，其中就有华为。目前，世界 500 强近 80% 的公司都在使用 IPD 或与之类似的方法。

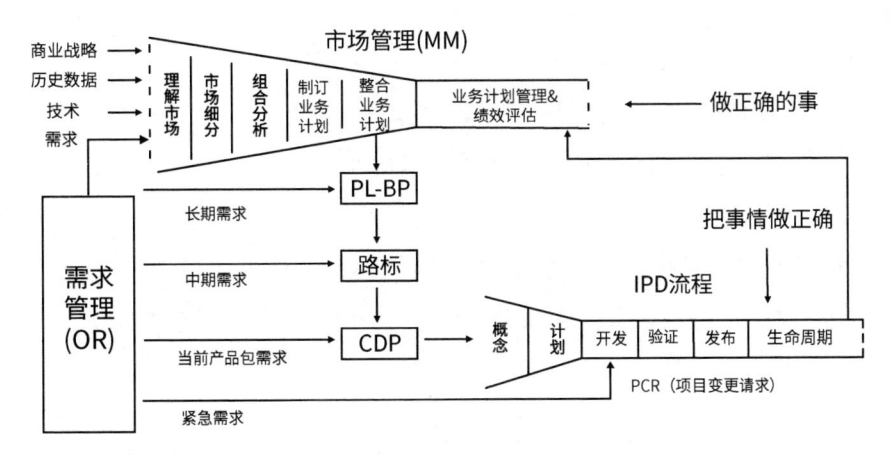

图 2-11 IPD 开发模型

3. 华为公司

20 世纪 90 年代末，华为规模越来越大，销售额虽然连年增长，但产品的毛利率却逐年下降，人均效益只有思科、IBM 等企业的 1/3～1/6。任正非认识到，如果不建立一套科学规范的管理体系，就不能从本质上解决这些问题，难以大规模进入国际市场，"三分天下有其一"只能是梦想。

1997 年圣诞节前，任正非考察了休斯、朗讯、惠普、IBM 等世界级企业之后，决定请 IBM 作为咨询方来帮助解决问题。整个项目计划为期 5 年，报价 20 亿元！IPD 项目从 1999 年开始启动推行。

《从偶然到必然：华为研发投资与管理实践》一书中写道：总结华为二十年的 IPD 变革，我们认为 IPD 给华为带来的价值主要是实现了以下三个转变。

（1）从偶然成功转变为构建可复制、持续稳定高质量的管理体系。
（2）从技术导向转变为客户需求导向的投资行为。
（3）从纯研发转变为跨部门团队协同研发、共同负责。

2.4.2 IPD 的核心思想

IPD 作为先进的产品研发理念，其核心思想概括如下。

（1）新产品研发是一项投资决策

IPD 强调要对产品研发进行有效的投资组合分析，并在研发过程中设置检查点，通过阶段性评审来决定项目是继续、暂停、终止还是改变方向。

（2）基于市场的开发

IPD 强调产品创新一定是基于市场需求和竞争分析的创新。为此，IPD 把正确定义产品概念、市场需求作为流程的第一步，开始就把事情做正确。

（3）跨部门、跨系统的协同

采用跨部门的产品研发团队（Product Development Team，PDT），通过有效的沟通、协调及决策，达到尽快将产品推向市场的目的。

（4）异步开发模式

通过严密的计划、准确的接口设计，把原来的许多后续活动提前进行，这样可以缩短产品的上市时间。

（5）重用性

采用公用构建模块（Common Building Block，CBB），提高产品研发的效率。

（6）结构化的流程

产品研发项目的不确定性，要求开发流程在非结构化与过于结构化之间找到平衡。

2.4.3　IPD 推进思考

当前，因为华为推行 IPD 取得的显著成效，国内军工企业也纷纷学习华为引入 IPD 研发管理体系。但因为行业的巨大差异，推行效果差强人意，这就需要业务方、咨询方和 IT 服务方共同进行总结思考。

1. 背景差异

（1）财力差异。

（2）产品与行业的差异。

（3）发展阶段的差异。

（4）人员数量与能力的差异。

2．二八原则

在不理解其精髓思想的情况下，只学其"形"不解其"神"，先僵化、再优化、后固化的思维，导致在不清楚二八原则中"二"在哪里时，努力去做"二"+"八"，让我们做了许多本不需要做或没能力在现阶段做的事，影响了推进效率。

（1）当前阶段哪些是"二"？哪些是"八"？

（2）如何把有限的资源投入到"二"中去？如何抓住问题的本质，快速见效，并逐步扩展优化？

3．综合思考（"形"与"神"）

我们应基于研发管理本身的逻辑，归零思考：

（1）研发工作的流程步骤，按我们实际需要，当前阶段核心流程有哪些？

（2）现阶段，研发流程在执行过程中的主要问题有哪些？原因是什么？哪些问题是既重要又紧急的？

（3）研发体系建设与能力提升推进中，什么是"形"？什么是"神"？是否存在重"形"轻"神"？

研发管理推进的过程，需要从侧重流程/制度/表单建设视角，转换到业务问题解决方法、跨部门/企业协同项目管理、团队角色分工及能力成长等视角，要从形似到神似，一步步做实才能见效。

第 3 章　研发流水线

3.1　研发问题本质

3.1.1　问题现状及分析

◇ 企业是否建立起了研发管理体系？是否需要重构？

◇ 企业是否通过了 ISO 9000（民品）或 GJB 9000（军品）认证？它是不是一套完整的体系（流程、制度、记录）？执行情况怎样？换了其他体系，若不严格管控，能解决问题吗？

◇ 研发已经按照流程管控了，即执行了 F→C→S→D→P 这样一套军品研发流程，但为什么干不好？

◇ 推行 IPD 了吗？IPD 这套体系的完整性与先进性怎样？感觉推行困难吗？

◇ 建立了体系，又配备了多种管理工具软件，如 PLM、DOORS、PM 等，就能把研发做好吗？

◇ 我们再用其他示例来做类比思考：

○ 先给你一本学习打乒乓球的书，帮助你系统化地理解——即学习一整套体系方法，再给你配置一个乒乓球运动员专用的球拍——高级工具，你能在短时间内成为乒乓球高手吗？

○ 先给你一本学习游泳的书，帮助你系统化地理解——即学习一整套体系方法，再给你配置一套游泳运动员专用的泳衣、泳镜——高级工具，你能在短时间内成为游泳高手吗？

3.1.2 研发问题的根源

目前研发问题产生的根源在哪里？在体系建设初期，问题的根源在研发流程的各阶段/节点的控制，在于每个环节精准实施与控制的能力，如图 3-1 所示。

```
执行了F→C→S→D→P这样一套研发流程，但为什么干不好呢？
推行IPD了吗？体系建立了吗？                               "形"
配备管理工具软件了吗？                                          研
                                                              发
依据系统工程思想构建相应的阶段后，根源在各阶段/节点的控制：   管
◇控制什么：不同阶段、不同产品的控制要素。                    理
◇如何控制：控制方法（如设计、评审、仿真、测试）、手段（如项目管理等）。 的
◇谁来控制：团队与角色分工。                                  核
◇如何才有能力控制：专业团队建设，人员专业发展规划，            心
                知识维、逻辑维、时间维能力的提升。          "神"
◇借助什么工具控制：贯通全业务链的数字化管理系统、设计软件等。
◇如何运用积累：总结/复盘，CBB构建与应用。
◇员工成长与绩效管理：工作数量、质量、难度、完工率、态度、职级通道等。
```

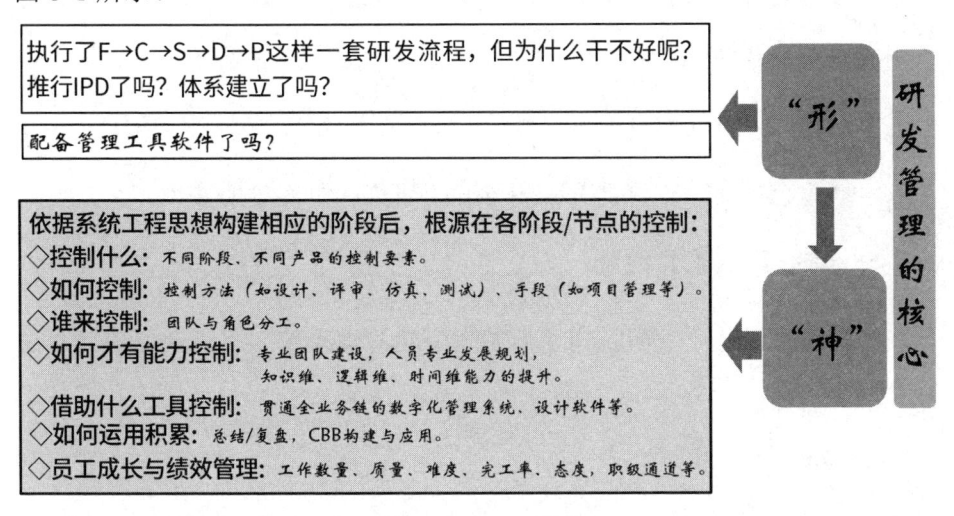

图 3-1 研发问题的根源

1. 各阶段/节点控制什么

在研发主流程图中，研发流程的核心是收集、整理、分析、转换、分配、实现、测试验证与控制需求，要构建需求工程实现对需求的全过程管控，在不同阶段、对不同产品，对需求控制有不同的要求。

2. 各要素如何控制

目前的主要问题：控制方法（如设计、评审、仿真、测试）掌握不全面，控制手段（如项目管理）欠缺或能力不足，工具（如仿真软件、信息化管理）应用水平偏低。

需要以项目管理思想为核心，实施项目的全过程、全要素管控。

3．各要素谁来控制

未建立有效的专业团队，角色分工不明确是目前的主要问题。

让大家成为"全能"人才，一个项目从头干到尾，每个环节都做好几乎是不可能的。按以下要求去试试看：按研发阶段进行专业化分工，让每个人成为某细分领域的"专家"，通过项目管理进行资源整合，让每个环节都由能力相匹配的人员去完成。

4．如何才有能力控制

根据角色需要，训练提升知识维、逻辑维、时间维的能力。

5．借助什么工具控制

消除孤岛，基于逻辑，构建研发数字化管理系统，贯通全业务链，进行管理和控制。

6．如何运用积累

要学会总结/复盘，编制标准、规范，做好CBB构建与应用，避免返工，不重蹈覆辙。

7．员工成长与绩效管理

短期管理：依据员工的工作数量、质量、难度、完工率、态度等，建立绩效管理制度，对员工的劳动有比较客观公正的评价，体现贡献者为本的思想。

长期管理：构建职级体系，打开员工成长通道。

3.1.3 "形"与"神"思考

研发管理体系推行困难，分析原因了吗？问题原因分析如图3-2所示。

只剩其"形",丢了其"神",能提升研发管理水平吗?

```
研发管理体系部分问题原因分析
├─ 角色分工
│   ├─ 架构、测试等角色未明确或能力不足。
│   └─ 各角色职责授权与激励机制不健全。
├─ 流程控制
│   ├─ 流程有"形"无"神",节点控制要素不系统。
│   ├─ 思考分析不足匆忙动手。
│   ├─ 评审、仿真能力不足,管理不严。
│   └─ 过程测试控制缺失。
├─ CBB构建
│   ├─ 报告模板缺失或缺乏逻辑。
│   ├─ 普遍未建立产品设计架构。
│   └─ 共享技术/模块/组件未系统管理,无管理手段。
├─ 人员能力
│   ├─ 知识维:系统工程、MBSE、IPD理解浅;系统机、电仿真能力弱。
│   ├─ 逻辑维:普遍存在逻辑思考分析能力弱,写报告、讲解逻辑关系不清晰。
│   └─ 时间维:项目管理能力弱,部分学过项目管理PMP的人员也缺乏实操训练。
├─ 信息化支持
│   └─ 与实际工作逻辑不匹配,多系统软件效率低、要素覆盖不全面。
└─ 绩效管理
    ├─ 指标:工作数量、质量、难度、完工率、态度等。
    ├─ 方法和工具:无信息化支撑。
    └─ 职级通道:未建立体系。
```

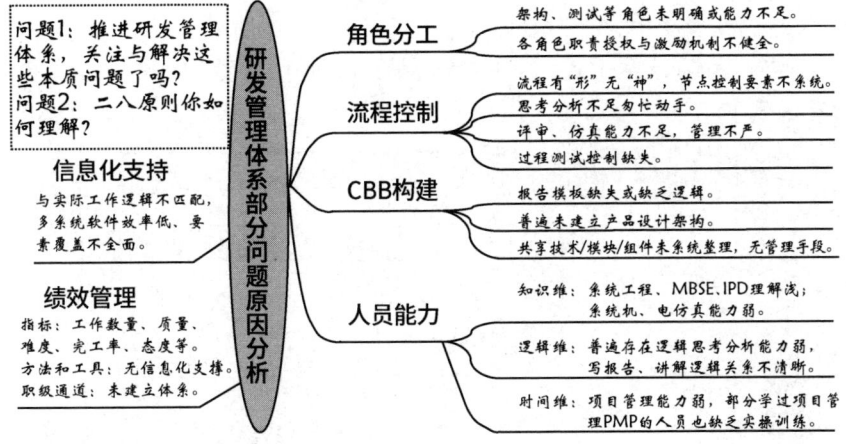

问题1:推进研发管理体系,关注与解决这些本质问题了吗?
问题2:二八原则你如何理解?

图 3-2 问题原因分析

体系方法、工具是"形",而每个环节的精准实施与控制能力才是"神"。有"形"无"神"去推进研发体系,难以取得效果。

3.2 产品管理总流程框架

前一章已讲到,IPD 是一套完整的研发业务管理体系,主要包括研发战略、研发流程、研发组织、研发绩效、研发 IT 等。研发战略关注做正确的事,研发流程关注正确地做事,研发 IT 支撑高效地做事。

理论来自实践,又反过来用于指导实践。

归零思考、回归问题的本质,在你不了解 IPD 之前,是否也在做这些事?要做好这些事,与 IPD 有什么关系?

IPD 源自实践,是一套完整的理论体系,能指导与规范我们的研发管理,有利于我们更加系统地去开展研发工作。

但 IPD 给出的产品框架过于复杂,企业的一般员工难以理解和掌握。怎么办呢?我们基于自身的能力,遵循二八原则,构建了轻量级的产品管理总流程框架,如图 3-3 所示。以此为切入点,先解决目前的核心痛点,然后在此体系推进的基础上，根据实际需要不断迭代完善。

◇ 活学活用，理论联系实际。

◇ 理解精髓，基于逻辑，不搞盲从，不僵化执行。

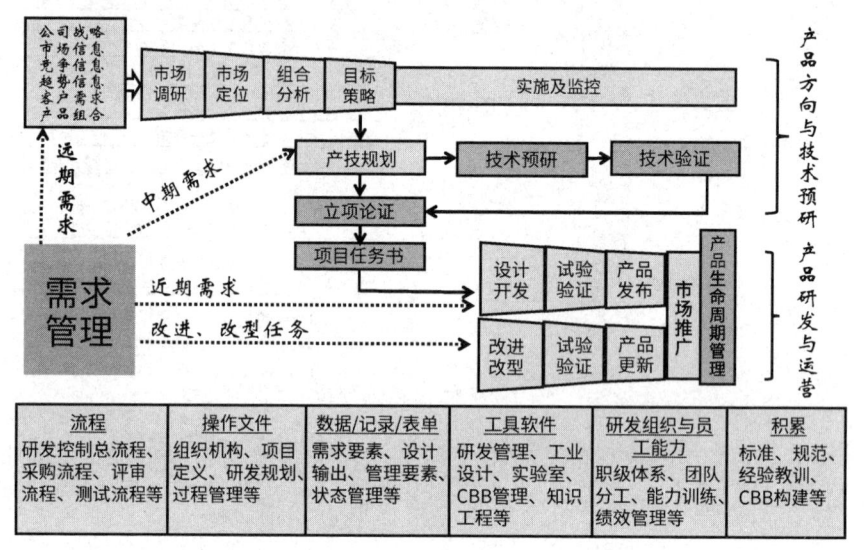

图 3-3 中航电测产品管理总流程框架

3.2.1 做正确的事

1. 市场调研

（1）做市场宏观经济与行业发展前景的系统调研、标杆调查分析，分析市场动态与发展方向，寻找市场机会，估测相关市场容量。

（2）做竞争分析（企业竞争、产品线竞争、核心产品竞争、区域竞争分析），分析自身的竞争能力，在相关市场领域中，估测有可能争取到的份额。

2. 市场定位

依据市场调研结果，结合自身能力，筛选、定位适合自身发展的细分领域。

3．组合分析

分析本公司已有产品、技术，思考产品与技术的发展，以及自身组合变化发展的可能性，寻找上下左右相关产业链产品拓展的机会。

4．目标策略

制定各产品线核心产品、新兴业务与种子业务的发展目标，制定相应的发展策略。

5．产技规划

（1）产品规划：依据前面各步骤调研、分析的结果，编制产品发展规划，回答未来应该做什么产品。

（2）技术规划：在产品发展规划中，识别关键技术，做技术预研规划，并推动技术预研、验证；技术预研成功后，方可推动立项开发。回答准备规划开发的产品，在技术方面能不能做。

（3）编制支撑产技规划的相关能力规划，如人力资源、产能、条件建设等。

（4）定期滚动迭代产技规划。

6．立项论证

在时机合适、技术成熟、人力资源及相关条件允许的情况下，正式推动立项论证。

回答为什么要做、产品做成什么样、能不能做、有无风险、是否可控、值不值得做等问题。

3.2.2　正确地做事

编制研发管理体系文件（给出流程、操作、数据/记录/表单），指导与约束研发过程。

1．下达项目任务书

组建团队，明确任务目标，约定验收标准。

2．设计开发

（1）产品方案（概要）设计

回答怎么做，运用系统架构理论，构建产品设计方案。

（2）产品详细设计

回答如何实现设计方案的要求，依据方案展开机、电、软等综合设计。

（3）产品物理实现

完成样机加工制造、软件编码等。

3．试验验证

回答做得怎样、是否满足设计要求，为此需要进行单元、集成、系统、验收等测试。

4．推动产品上市与管理运营

如何做好产品发布、市场推广，如何做好产品生命周期管理。

3.2.3 高效地做事

1．研发组织

组建团队，由产品经理团队与决策团队负责把控做正确的事，再由架构团队、设计实施团队、测试团队、项目管理团队、专家评审团队等把控正确地做事。

2．员工能力

进行能力训练，让各团队有能力做事；构建职级与绩效管理体系，让员工愿意做事。

3．工具软件

（1）研发管理软件：以项目管理思想为核心的研发全过程、全要素管理。

（2）工业设计软件：机、电、软、工艺，综合设计仿真。

（3）CBB 管理：CBB 的上传、下载、使用、维护等。

（4）知识工程：课程体系、学习、考试、评价；经验教训库、交流论坛等。

4．积累

（1）标准、规范

编制产品标准、设计规范、工艺规范、测试试验规范等，提炼通用规则、要求，形成标准规范，用于指导工作，便于相关人员引用，且避免重复工作。

（2）经验教训

总结经验教训，指导工作，避免再犯类似错误。

（3）CBB 构建

构建可重用组件、模块、模板/模型/表单、分类设计架构等，提高开发效率，避免错误重复出现。

3.2.4　相关说明

（1）图 3-3 所示的产品管理总流程框架是中航电测依据自身需求及能力构建的。

（2）框架中，没有使用 IPD 中的概念阶段，为便于直观理解，直接采用更加具体明确的阶段加以表述。

（3）框架中，没有单独列出计划阶段，为便于直观理解，避免概念混淆，仍然列出概要设计阶段，即方案阶段（对应军品 F 阶段）。计划编制工作被穿插到其他阶段进行，具体原因如下。

① 中航电测虽然开发系统产品，但由于编制项目开发计划用时较短，因此单独设置这阶段必要性不大。

② 强调计划由粗到细，渐进明细。在立项阶段要求做里程碑节点计划，使整体项目进度受控，到各个阶段时才要求做阶段详细计划，所以计划在各阶段时才细化。

③ 受人力资源限制，项目推进过程中人员变化较大，因此若单独列出计划阶段，把计划做得太细，后续各级子计划变更会很频繁，使原计划中许多子计划的制定失去意义。

3.3 Zemic_Multi_V 模型

中航电测针对图 3-3 所示产品管理总流程框架中间的产品研发管理，根据自身的需要，构建了从市场调研、立项论证、概要设计（F）、详细设计（C/S）、样机试制/代码实现（C/S）、测试（C/S）到发布与使用（D/P）的 Multi_V 模型，如图 3-4 所示。军品的 F、C、S、D、P 阶段，本质上是 V 模型相应阶段的多轮迭代。

图 3-4 左侧主要是研发的需求输入与设计、各阶段相关文档、设计质量控制（评审、仿真）；下部是样机制作与软件代码编程；右侧主要是样机测试验证/发布/运营、各阶段相关文档及样机质量控制（评审、测试）。

（1）市场调研阶段

产技规划中的待立项项目在时机成熟时会推动立项开发（也可能是临时建议的项目），此时需要展开细致的市场调研，编写调研报告及涉众需求分析报告，理解功能与非功能需求。

控制手段：技术评审。

（2）立项论证阶段

编写立项可行性分析报告，立项论证通过后下达项目任务书，此阶段中概念模型已初步形成。

控制手段：决策评审。

第 3 章 研发流水线

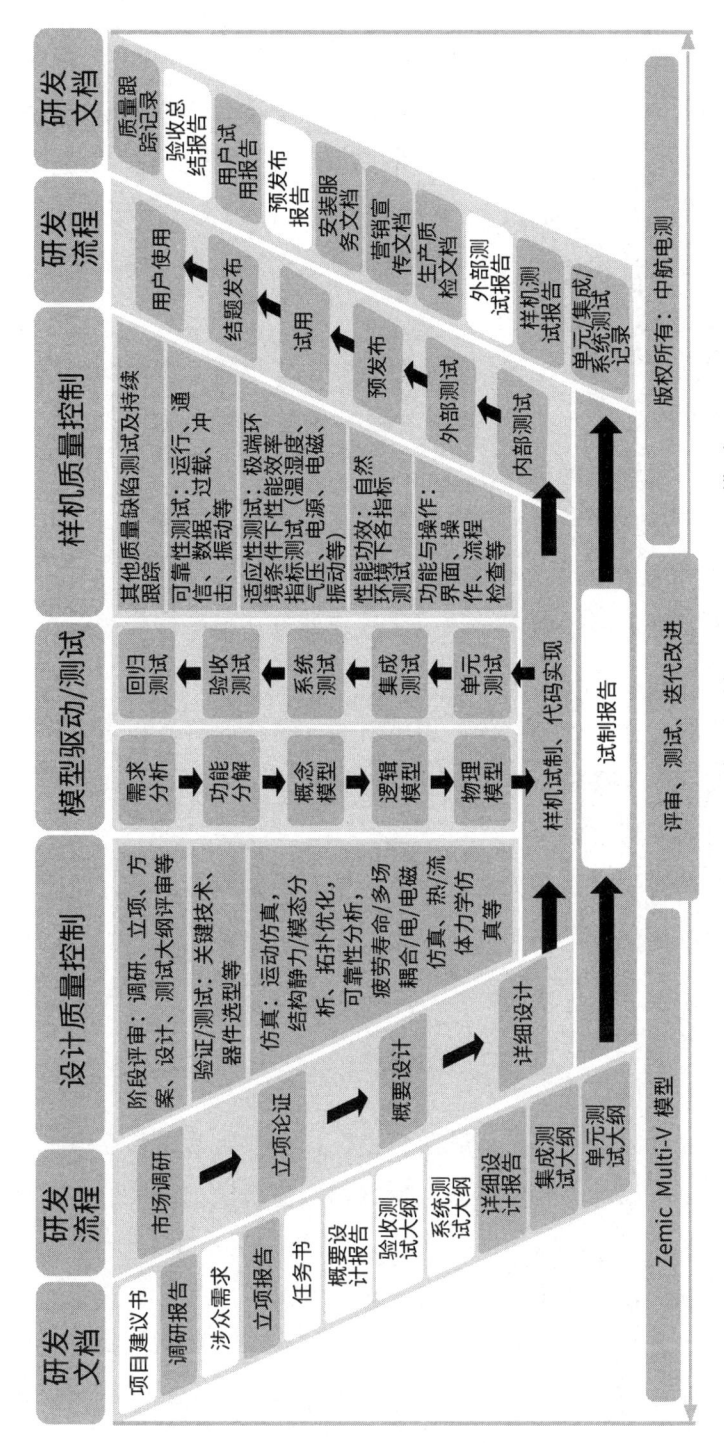

图 3-4 研发主流程控制 Zemic_Multi_V 模型

（3）概要设计阶段

编写概要设计报告；概要设计报告完成评审后，产品研发目标（概念模型）已经形成，完成逻辑交互分析（逻辑模型）、明确产品结构，可以着手编写验收测试与系统测试大纲。

控制手段：技术评审、关键部件与技术测试、部分模型仿真。

（4）详细设计阶段

编写详细设计报告；详细设计报告完成评审后，产品物理模型已经构建，各种需求均已设计实现，可以着手编写集成测试与单元测试大纲。详细设计包括工艺设计等内容。

控制手段：技术评审、仿真、关键部件与技术测试。

（5）样机试制与代码实现阶段

按照机、电设计图做产品样机，按软件设计报告编写代码，并完成系统装配联调。

此阶段编写样机试制报告，由于研发人员在此阶段相对工作量较少，在实际研发过程中通常会把前两阶段提到的测试大纲放在此阶段编写。

（6）内部测试阶段

指研发部门的测试团队自行组织的单元、集成、系统、验收测试，并做好相应的测试记录，编写测试报告。主要以白盒测试为主，逐渐向黑盒测试过渡。

控制手段：技术评审。

（7）外部测试阶段

指研发部门以外的第三方验收测试，如企业质量与售后服务部门、用户、外请机构组织的验收测试，并做好相应的测试记录，编写测试报告。主要以黑盒测试为主。

控制手段：技术评审。

（8）预发布与试用阶段

做好策划并编制预发布报告，此阶段开始联系部分用户，开始小批量的市场投放试用，在约定阶段试用完成后，编制样机用户试用报告，并做好样机迭代改进工作。

伴随着此阶段的开展，还需陆续编制与完善生产、营销、客服部门用的相关文档。

控制手段：决策评审。

（9）结题发布阶段

结题验收、产品发布策划。

控制手段：决策评审。

（10）产品生命周期（用户使用）阶段

客服部门做好故障问题记录，产品经理主动跟踪分析，进入需求跟踪迭代阶段。

3.4 推动研发流水式作业

在图 3-4 的主流程中，我们让研发过程各阶段由不同的团队分工负责（见图 3-5），类似于产品生产流水线的各工种分工与协作，训练各个团队成员成为各阶段的专家，由项目经理依据项目管理思想实施全过程、全要素的管理，形成高水平的流水式研发（见图 3-6）。

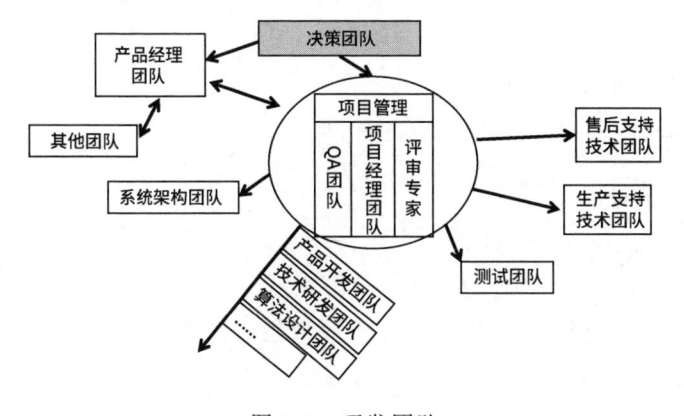

图 3-5 研发团队

打造数字化研发流水线

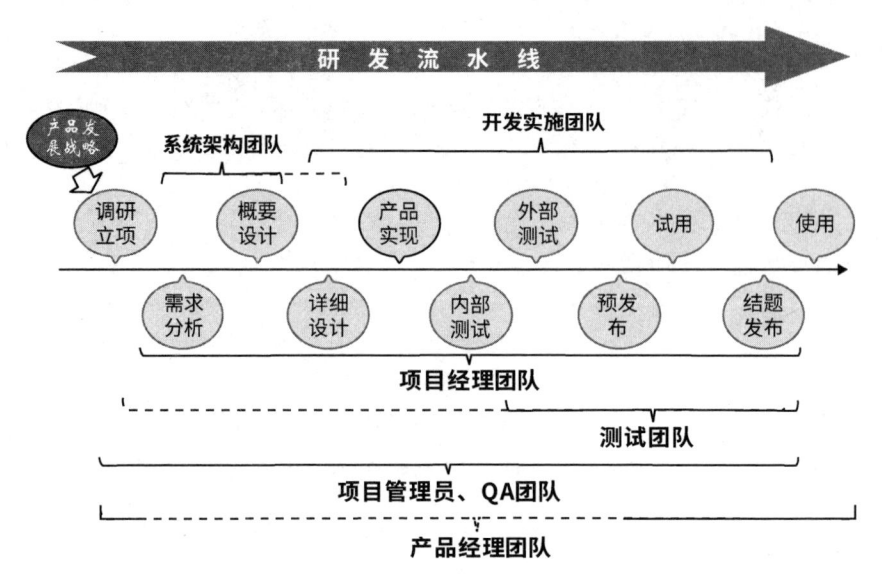

图 3-6 研发流水线及核心团队分工

3.4.1 核心团队

1．产品经理团队

长期目标：负责产品线的生命周期管理。
（1）负责市场调研、编制产技规划，推动立项工作。
（2）产品研发过程监督指导。
（3）协助营销部门，做产品上市推广。
（4）产品生命周期阶段的问题跟踪、管理。

2．项目管理团队

（1）项目经理团队：负责具体产品研发过程组织管理。
（2）项目管理员团队：负责技术中心所有项目监督管理，组织评审、验收等，并协助各项目经理做好跨部门协调。

3．系统架构团队

负责产品概要设计（机、电、软），详细设计（软件），CBB 的构建与应用。

4．开发实施团队

负责产品详细设计（机、电）及样机制作管理，代码编程（软件）。开发实施团队可再细分成产品研发、技术研发、算法设计等团队。

5．测试团队

负责产品单元、集成、系统、验收等测试工作。

6．评审专家团队

非专职，但经过评审能力训练，由项目管理员组织参加各种评审。

3.4.2　其他团队

除上述核心团队外，还涉及以下团队。

1．决策团队

未另行建立，公司原来就有董事长、总经理为核心的投资决策团队，只需按项目分级授权决策即可。

2．生产支持技术团队

与生产工艺部门对接，负责产品技术问题处理，避免频繁干扰主设计员；日常在研发部门主要做助理工作，尤其是辅助工艺设计等。

3．售后支持技术团队

与售后服务部门对接，帮助解决现场疑难问题，避免频繁干扰主设计员；日常在研发部门主要做助理工作，尤其是试验验证。

4．QA 团队

目前主要由项目管理员或测试人员兼任。

3.4.3　有关说明

（1）图 3-5 中，涉及的各团队，除了决策团队及产品经理团队，其他团队均在各单位技术中心内部设立；产品经理团队的归属部门，各单位情况不同。

（2）未事先设立跨部门团队，中航电测的研发管理采用项目管理方式进行，可能是跨部门、跨企业、校企合作，要根据项目管理需要，临时组建团队，再依据项目进度计划调度分配工作；内部采购、生产等部门的配合通过信息化平台流程约束、考核，实现跨部门协同。

3.5　研发管理体系文件

基于逻辑、理解精髓、裁剪、简化，去构建轻量级的研发管理体系，并依据研发管理体系逻辑框架（见图 3-7），编制了相应的研发管理体系文件，未来随着能力的提升与研发管控的实际需要再逐步细化。

3.5.1　研发管理体系逻辑框架

编制研发管理体系文件之前，应充分理解研发管理的逻辑，构建起研发管理体系逻辑框架（参见图 3-7）。

（1）体系构建时，首先要明确研发组织机构与职责、岗位与角色分工；然后要做好项目相关定义（研发项目分类、项目综合评价系数、项目编号规则），便于项目分级授权管理及项目绩效管理；最后要明确项目管理矩阵及生命周期各阶段的管理要求。

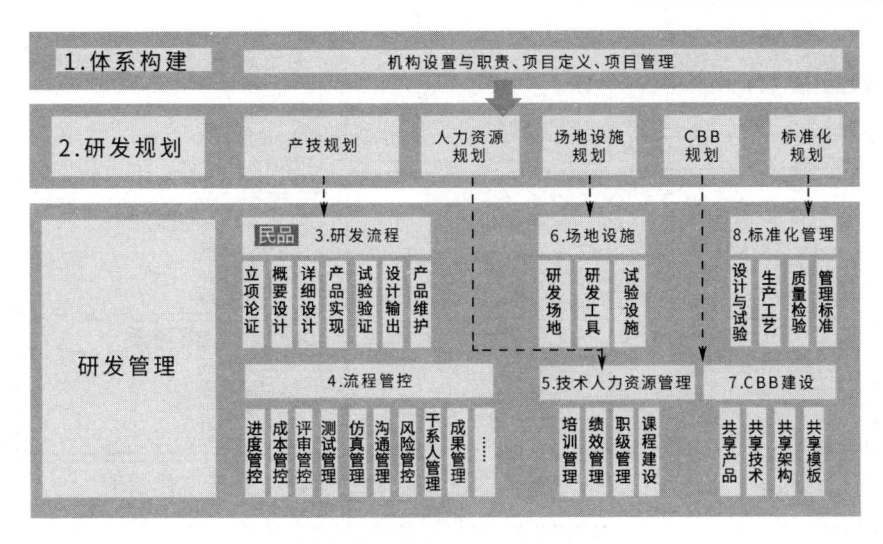

图 3-7 研发管理体系逻辑框架

（2）制定研发规划。首先要明确未来的产技规划，以支撑企业的产品发展战略，然后编制相应的研发能力规划，如人力资源、场地设施、CBB、标准化等规划。

（3）推动产技规划中的项目立项开发，需要构建起研发控制流程（参见图 3-4），并用项目管理思想及借助相应的软件平台，实施对研发流程的管控；项目管理中的质量要素管理，被分解为评审管控、仿真管理、测试管理。

（4）其他研发能力建设方面的规划内容，也需要分解实施。

3.5.2 研发管理体系文件结构

中航电测研发管理体系文件总目录依据研发管理体系逻辑框架进行编制，如图 3-8 所示，这里列出部分内容加以说明。

1．研发流程

研发流程分为产品研发类及技术预研类。

（1）产品研发类又可分为军品、民品研发流程，再细分为新品开发、改进改型类。

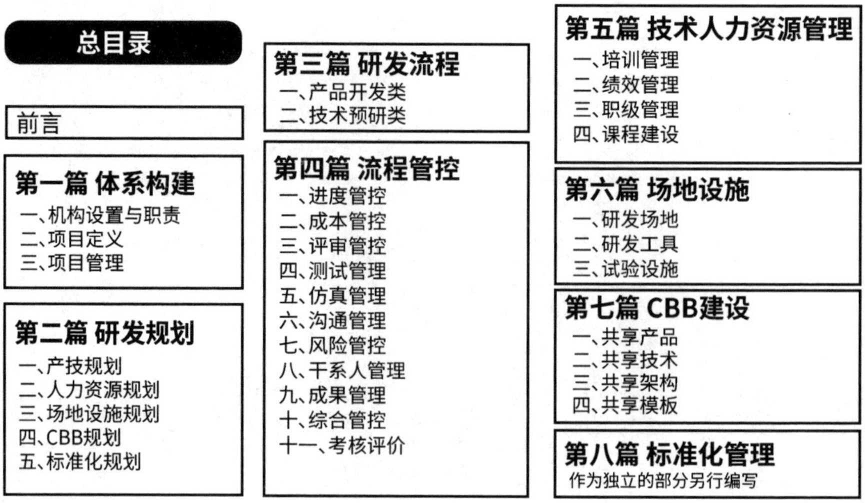

```
总目录

前言

第一篇 体系构建
一、机构设置与职责
二、项目定义
三、项目管理

第二篇 研发规划
一、产技规划
二、人力资源规划
三、场地设施规划
四、CBB规划
五、标准化规划

第三篇 研发流程
一、产品开发类
二、技术预研类

第四篇 流程管控
一、进度管控
二、成本管控
三、评审管控
四、测试管理
五、仿真管理
六、沟通管理
七、风险管控
八、干系人管理
九、成果管理
十、综合管控
十一、考核评价

第五篇 技术人力资源管理
一、培训管理
二、绩效管理
三、职级管理
四、课程建设

第六篇 场地设施
一、研发场地
二、研发工具
三、试验设施

第七篇 CBB建设
一、共享产品
二、共享技术
三、共享架构
四、共享模板

第八篇 标准化管理
作为独立的部分另行编写
```

图 3-8　研发管理体系文件总目录

（2）技术预研类又可分为产品技术预研、标准规范研制、基础理论研究等。

2．流程管控

评审、仿真、测试流程是研发主流程的核心管控流程，以评审流程为例，又可分为决策评审与技术评审。

（1）决策评审

由公司决策层、专家、部门主管在项目规划、启动、发布、退市时，按照项目决策评审要素对项目进行评审。

决策评审的目的：评估项目是否符合规划、可行性（包括市场、财务、战略、资源、技术、计划、风险等）、提出相关建议、作出评审结论以指导项目下一步工作。

决策评审包括规划决策、立项决策、发布决策、退市决策等。在本体系中，所有计划评审不再单列，而是分解归入各阶段评审中。

（2）技术评审

由相关领域的专家在项目进行到一定阶段时，按照项目技术评审要素对项目进展情况进行评审。在研发过程中也可临时发起技术评审。

技术评审的目的：评估项目技术路线、进度、质量、文档，发现错误和风险、提出优化设计和规避风险的建议、作出评审结论以指导项目下一步工作。

技术评审包括需求评审、方案评审、设计评审、试验验证大纲评审、试验验证评审和项目验收评审等。

（3）评审流程

决策评审与技术评审，按图3-9所示的评审流程组织评审；一般性项目可省略D、E、F步骤；对于其他评审，项目管理员可酌情安排。

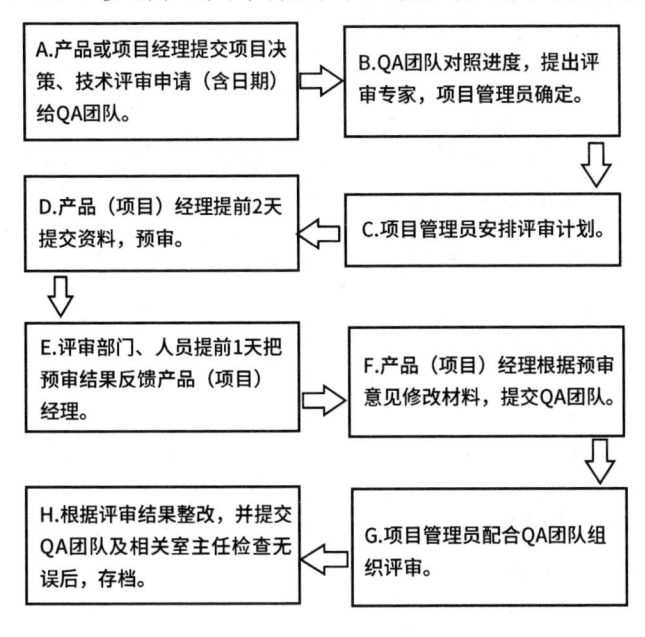

```
A.产品或项目经理提交项目决策、技术评审申请（含日期）给QA团队。  →  B.QA团队对照进度，提出评审专家，项目管理员确定。
                                                                    ↓
D.产品（项目）经理提前2天提交资料，预审。  ←  C.项目管理员安排评审计划。
        ↓
E.评审部门、人员提前1天把预审结果反馈产品（项目）经理。  →  F.产品（项目）经理根据预审意见修改材料，提交QA团队。
                                                                    ↓
H.根据评审结果整改，并提交QA团队及相关室主任检查无误后，存档。  ←  G.项目管理员配合QA团队组织评审。
```

图3-9　评审流程

（4）评审结论

评审组长汇总评审意见,在评审会现场按以下三种形式给出评审结论：

① 通过：评审没有发现问题，风险可以接受且可以解决。

② 有风险通过：评审发现的问题存在一定风险，但不影响下一步活动的启动。

③ 不通过：评审发现的问题影响下一步活动的启动，必须首先解决。

3. 其他说明

研发团队人力资源管理的部分内容，将在研发团队建设中做介绍。
CBB 建设，详见第 5 章。

3.6 标准化管理

标准化是为在一定范围内获得最佳秩序，对现实问题或潜在问题制定共同使用和重复使用的条款的活动。

在企业中，我们想通过标准化来统一秩序、提炼公共要素以减少重复劳动，防止错误重复出现，除引用外部标准外，常常会起草企业标准，如产品设计规范、产品测试规范、产品制造标准、生产工艺规范、质量检验规范、设备操作规范、文件编写规范、文件编号规范等。

3.6.1 标准化分类

1．技术标准

对标准化领域中需要协调统一的技术事项所制定的标准，包括基础标准、产品标准、工艺标准、检测试验方法标准，以及安全、卫生、环保标准等。

2．管理标准

对标准化领域中需要协调统一的管理事项所制定的标准。与企业管理比较密切的标准主要有管理体系标准、定额标准等。

3．工作标准

对工作的责任、权利、范围、质量要求、程序、效果、检查方法、考核办法等所制定的标准。

3.6.2 标准的级别

1．国际标准

国际标准是指由 ISO、IEC、ITU 三大国际标准化机构制定的标准，以及由 ISO 认可并公布的其他国际组织制定的标准。经 ISO 认可并公布的其他国际组织共有约 50 个，这些组织制定的标准并非都是国际标准，只有经过 ISO 确认并列入 ISO 国际标准年度目录中的标准才是国际标准。

2．区域标准

区域标准是指由区域标准化组织通过并公开发布的标准。有影响的如欧洲标准化委员会标准、欧洲电工标准化委员会标准、亚太经合组织贸易与投资委员会标准与合格评定分委员会标准、东盟标准与质量咨询委员会标准等。

3．国家标准

国家标准是指由各个国家标准机构通过并公开发布的标准。我国的标准化机构是国务院下设的中国国家标准化管理局（国家标准化管理委员会），国家标准代号为 GB。法国标准代号为 NF，德国标准代号为 DIN，日本国家标准代号为 JIS，俄罗斯国家标准代号为 GOST R，英国国家标准代号为 BS，美国国家标准代号为 ANSI，印度国家标准代号为 IS，等等。

4．行业标准

行业标准是指由行业组织通过并公开发布的标准。发达国家的行业组织多属于民间组织，一般以行业协会的形式存在。我国行业组织都受政府主管部门管理，对于没有国家标准而又需要在全国某个行业范围内统一技术要求时，可以制定行业标准。国家军用标准是特殊的行业标准，代号为 GJB。

5. 地方标准

地方标准是指在国家某个地区通过并公开发布的标准。对于没有国家标准和行业标准而又需要在省、自治区、直辖市范围内统一的工业产品的安全、卫生等要求，可以制定地方标准。

地方标准代号由汉语拼音字母"DB"加上省、自治区、直辖市行政区划代码前两位数字再加斜线，组成强制性地方标准代号。

例如，河北省地方标准 DB13/1801—2013《在用点燃式发动机汽车排气污染物排放限值及测量方法》。

6. 团体标准

团体标准指由多个企业联合制定、批准、发布和实施的企业联盟标准，如航空工业的 AVIC 标准。

7. 企业标准

企业标准指企业自用的标准，标准的代号形式为"QB+编号+年号"。

3.6.3 标准的层次与约束力

1. 中国

（1）强制性标准：保障人体健康和人身、财产、食品、药品、卫生安全的标准，以及法律、法规规定强制执行的标准，强制性国家标准的代号是 GB。

（2）推荐性标准：强制性标准以外的标准都属于推荐性标准，是倡导性、指导性、自愿性的标准，推荐性国家标准的代号是 GB/T。

2. 世贸组织

（1）强制性的技术法规，体现的是国家对贸易的干预。

（2）自愿性的标准，反映的是市场对贸易的要求。WTO对标准的定义是："由公认机构批准的、非强制性的，为了通用或反复使用的目的，为产品或相关生产方提供准则、指南或特性的文件。"

3．欧盟

（1）强制性的"新方法指令"，涉及产品安全、工业安全、人体健康、消费者保护和环境保护。

（2）自愿性的协调标准，不同标准化机构各自针对同一标准化对象批准的若干标准，按照这些标准提供的产品、过程或服务具有互换性，提供的试验结果或资料能够相互理解。

第4章 需求工程

4.1 需求管理基础

4.1.1 基本概念

1．需求及分类

本章中的产品需求是：针对具体拟开发产品的涉众需求，对市场需要何种产品的需求，这些需求在产品发展战略中描述。

需求包括：商业视角、项目视角、用户视角。

商业视角：主要体现在产品发展战略中的产技规划及产品立项开发论证中的经济与社会效益方面。

项目视角：是产品研发项目管理需要的视角，本章主要反映在产品架构的需求当中。

用户视角：引用需求八维度分析模型，如图4-1所示。

本书中，为便于实战化应用，将图4-1所示模型中的包装、功能与性能、易用性、质量与保障性归为质量需求，将价格及生命周期成本归为成本需求，将可获得性归为交付需求，再增加产品架构时的架构需求（见图4-2）。

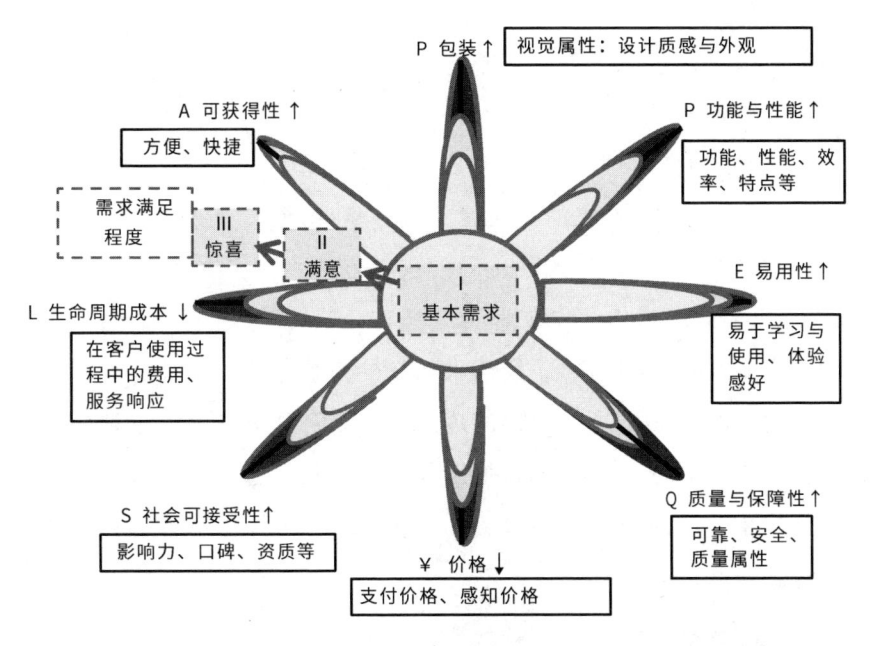

图 4-1 需求八维度分析模型

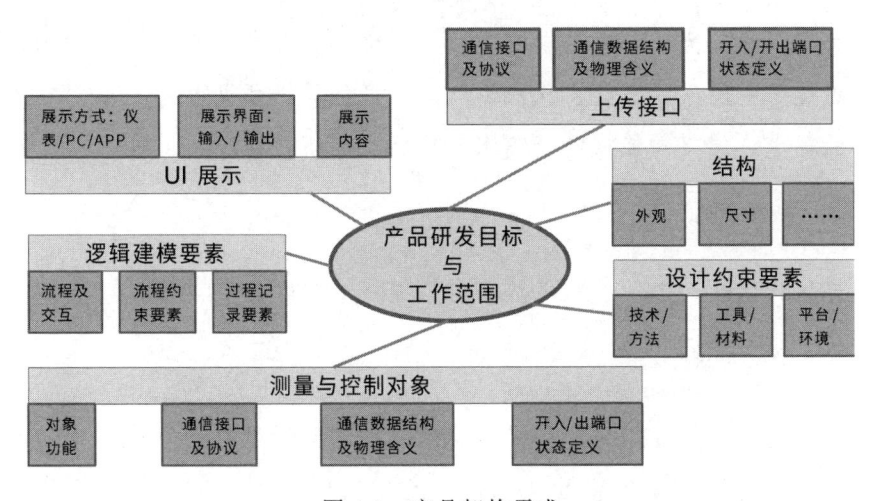

图 4-2 产品架构需求

2．涉众需求

（1）涉众

也称利益相关方，指所有与产品有关的人与事。

外部：客户、用户、对手、政府、法律、标准等。

内部：投资人、提出人、营销、研发、制造、运输、安装、维护、标准、管理、文化等。

（2）正确面对用户需求理解的常见问题

① 涉众常常无法陈述清楚自己的实际需要。

② 涉众常常无法陈述清楚正确的实施方法。

③ 涉众是需要多方平衡的利益矛盾体。

（3）产品经理与架构师才是需求设计的主责任人

产品设计的核心，是对需求的理解与实现；作为从事产品研发的专业团队成员，需要通过产品应用场景及其需求分析，透过现象看本质，看清用户及其他相关涉众表达意愿背后的真实意图，而不是抱怨客户提供需求的不准确。

3．产品需求

针对涉众的需求，首先需要进行加工整理（归并、删除、补充等），然后经过提炼、挖掘、设计、预测、创造、评估等一系列过程，表达成真实的产品需求，最终才能将涉众需求转换成产品研发目标。

4．系统产品

指包含机械、电子、软件等多种系统集成的产品。

5．产品质量

在规定条件下使用时，产品满足明确和隐含要求的能力。

质量问题存在于：企业依据特定的需求与标准，对产品进行规划、设计、制造、检测、计量、储存、运输、销售、售后服务、生态回收等全过程。

6．缺陷

指存在于产品设计、原材料和零部件、制造装配或说明指示操作等方面，未能满足消费或使用产品所必须、合理、安全要求的情形。

注：为实现产品研发质量目标与实施过程管控的需要，在本书中，"质量"特指在特定使用条件下，产品满足用户使用的能力；"缺陷"特指研发过程中的各种不规范情形。

7．产品测试

在规定的条件下对产品进行操作，以发现缺陷和错误，衡量产品质量，并对其是否满足设计要求进行评估的过程。

8．验证与确认

验证：指确保产品正确地实现某一特定功能的一系列活动。

确认：指确保开发的产品可追溯到用户需求的一系列活动。

9．软件

在计算机系统中与硬件相互依存，包括程序、相关数据、文档资料等。

10．软件危机

在计算机软件开发维护过程中遇到的一系列严重问题。

一方面是如何开发软件，以满足不断增长、日益复杂的需求； 另一方面是如何维护不断膨胀的软件产品。

（1）对软件开发成本和进度估计常常不准确。

（2）用户对"已完成"系统不满意的现象经常发生。

（3）软件产品的质量往往靠不住。

（4）软件的可维护程度非常低。

（5）软件通常没有适当的文档数据。

（6）软件成本不断提高。

（7）软件开发生产率的提高赶不上硬件的发展和人们需求的增长。

4.1.2 产品质量模型

在图 4-1 所示的模型中，将包装、功能与性能、易用性、质量与保障性归为质量需求，并按照系统集成产品的控制需要，纳入军品强调的六性设计质量类别，结合其他六大类特性，构成了质量十二性通用模型，如图 4-3 所示。各类别产品可在此基础上，传递成某类（系列）产品的质量模板，再传递生成具体产品的质量需求要素表。

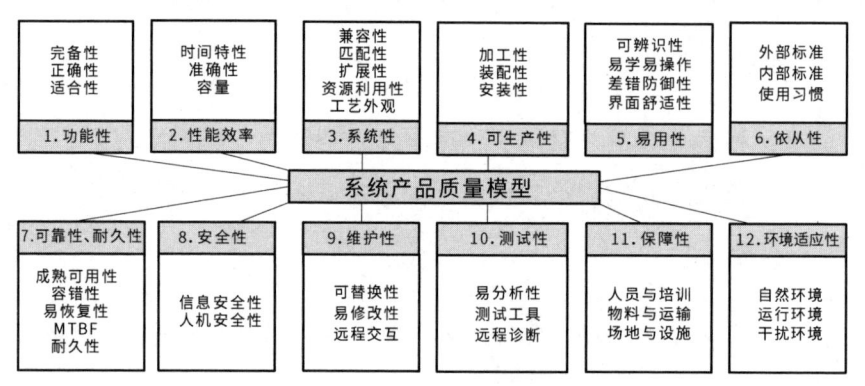

图 4-3　系统产品质量模型

质量模型说明如表 4-1 所示。

表 4-1　质量模型说明

质量类别		说　明
1. 功能性	完备性	功能集对指定任务目标的覆盖程度
	正确性	提供功能执行结果正确的程度
	适合性	功能促使指定的任务和目标实现的程度（只含必要步骤），该产品适用人群个体方便使用的程度
2. 性能效率	时间特性	响应时间、处理时间及吞吐量满足需求的程度
	准确性	有关计量的精度、重复性、漂移等性能指标
	容量	参数满足需求的程度、数据存储量、并发用户数、通信带宽、交易吞吐量、数据库规模等
3. 系统性	兼容性	指多个硬件之间、多个软件之间或软硬件之间的相互配合与稳定工作的程度

续表

质量类别		说明
3. 系统性	匹配性	各资源间容量、效率、性能等匹配的程度
	扩展性	系统可以扩展容量、效率、节点数量等的程度
	资源利用性	所使用资源数量和类型满足要求的程度
4. 可生产性	工艺外观	产品的外观、显示、操作面板布置、布线规范等
	加工性	机械、电子产品等易于加工（除软件外）
	装配性	各部件（或软件模块）易于装配、组合
	安装性	产品（含软件）在现场易于安装调试
5. 易用性	可辨识性	用户能够辨识产品或系统是否适合他们要求的程度，如演示、教程、文档、网站、标牌标识等
	易学易操作	学会使用的方便快捷性、易于操作与控制
	差错防御性	预防用户犯错的程度
	界面舒适性	用户界面令人愉悦与满意的交互程度
6. 依从性	外部标准	根据需要，选择国际、国家、行业、地方等标准的执行条款
	内部标准	执行企业标准的程度
	使用习惯	在无明确书面约定的情况下，符合人们习惯的程度
7. 可靠性、耐久性	成熟可用性	满足可靠性要求、在需要时能够进行操作和访问的程度
	容错性	在软硬件发生故障时，运行保护的程度；各种抗干扰能力
	易恢复性	在中断或失效时，能够恢复与重建的程度
	MTBF	平均无故障工作时间
	耐久性	使用寿命
8. 安全性	信息安全性	软件防攻击、数据灾备、权限保护
	人机安全性	设备、系统的安全防护，防止导致人身伤害与设备财产重大损失
9. 维护性	可替换性	多模块（组件）系统，模块化设计，使一个模块（组件）变更对其他模块（组件）影响程度最小化；产品（含软件）或部件（或软件模块）在现场易于升级替换
	易修改性	易于被有效地修改，且不会引入缺陷或降低现有产品质量的程度，是易改变性和稳定性的组合，存在于产品设计、制造（软件编码）、文档和验证的变更过程
	远程交互	产品支持远程维护的能力
10. 测试性	易分析性	可以评估预期变更（一个或多个部分）对产品或系统的影响、诊断缺陷或失效的原因、识别待修改部分的有效性和效率的程度，如运行日志、故障自诊断与记录、自动分析报告等

续表

质量类别		说明
10. 测试性	测试工具	提供软硬件测试工具，如测试仪表工具、自诊断系统、软件诊断测试功能
	远程诊断	产品支持远程测试诊断的能力
11. 保障性	人员与培训	能满足保障产品制造与使用所需人员数量、质量、培训等要求的程度
	物料与运输	能满足保障产品制造与使用所需物料供应、成本、运输等要求的程度
	场地与设施	能满足保障产品制造与使用所需场地与设施要求的程度
12. 环境适应性	自然环境	适应温度、三防、湿热度、大气压力、场地、盐雾、霉菌等自然环境的程度
	运行环境	适应不同软硬件系统、供能、洁净度环境等的能力
	干扰环境	适应电磁、震动、冲击、噪声等干扰环境的能力

4.1.3 软件缺陷简介

软件缺陷常常被称作 Bug，是计算机软件或程序中存在的某种破坏正常运行能力的问题、错误，或者隐藏的功能缺陷。软件缺陷属性如表 4-2 所示。

表 4-2 软件缺陷属性

序号	缺陷属性	说明
1	缺陷标识（Identifier）	标记某个缺陷的一组符号，每个缺陷必须有一个唯一的标识
2	缺陷类型（Type）	根据缺陷的自然属性划分的缺陷种类
3	缺陷严重程度（Severity）	指因缺陷引起的故障对软件产品的影响程度
4	缺陷优先级（Priority）	缺陷必须被修复的紧急程度
5	缺陷状态（Status）	缺陷通过一个跟踪修复过程的进展情况
6	缺陷起源（Origin）	缺陷引起的故障或事件第一次被检测到的阶段
7	缺陷来源（Source）	引起缺陷的起因
8	缺陷根源（Root Cause）	发生错误的根本因素

缺陷的存在会导致软件产品在某种程度上不能满足用户需要。IEEE 729—1983 对缺陷的定义如下：

第4章 需求工程

从产品内部看：缺陷是软件产品开发或维护过程中存在的错误、毛病等各种问题。

从产品外部看：缺陷是系统所需要实现的某种功能的失效或违背。

在软件开发生命周期的后期，修复检测到的软件错误的成本较高。

1．缺陷级别（按缺陷的严重程度划分）

一旦发现软件缺陷，就要设法找到引起这个缺陷的原因，分析其对产品质量的影响，然后确定软件缺陷的严重性和处理这个缺陷的优先级。软件缺陷严重程度如表 4-3 所示。

表 4-3　软件缺陷严重程度（表 4-2 中的属性 3）

编号	级别	说明
1	建议	改进意见、建议、质疑
2	微小	一些小问题如有个别错别字、文字排版不规范等，对功能几乎没有影响，软件产品仍可使用
3	一般	不太严重的错误，如次要功能模块丧失、提示信息不够准确、用户界面差和操作时间长等
4	严重	严重的错误，指功能模块或特性没有实现，主要功能部分丧失，次要功能全部丧失，或致命的错误声明
5	致命	致命的错误，造成系统崩溃、死机，或造成数据丢失、主要功能完全丧失等

也可将缺陷级别简化为表 4-4 所示的三级，但实操处理时按优先级排序处理。

表 4-4　软件缺陷严重程度三级简化

编号	级别	标识	说明
1	建议	★☆☆	不影响产品质量，但有更好的实施途径、方法、表达方式等建议
2	一般	★★☆	导致产品不易测试、维修、操作等的缺陷
3	严重	★★★	导致产品功能和性能等最终结果符合性的缺陷

2．缺陷优先级

按重要、紧急程度进行综合排序，评估缺陷处理的优先级，如表 4-5 所示。

表 4-5　软件缺陷优先级（表 4-2 中属性 4）

编　号	优　先　级	说　　　明
1	不紧急	缺陷可以在方便时被纠正
2	一般	缺陷需要正常排队等待修复或列入软件发布清单
3	紧急	缺陷必须被立即解决

3．缺陷状态

按缺陷被发现到被关闭的过程，可分为 4 种状态，如表 4-6 所示。

表 4-6　软件缺陷状态（表 4-2 中属性 5）

编　号	状　态	说　　　明
1	激活状态	已提交，等待处理或处理后缺陷仍旧存在
2	拒绝状态	开发人员拒绝提交的缺陷，认为不是缺陷
3	已修正状态	开发人员修正软件后，确认已解决或通过测试
4	关闭状态	测试人员经过验证后，确认缺陷不存在之后的状态

4．缺陷的起源与来源

缺陷的起源是指被发现的阶段，缺陷的来源是指产生的阶段。另外，在评审、测试等控制环节，以及在系统集成过程中，由于方法与过程控制本身的问题也会引入新的缺陷。

5．缺陷修复代价

修正错误的代价不是随时间线性增长的，而几乎是呈指数增长的。例如，软件缺陷修复代价可以简单描述如下。

需求阶段：修正一个错误的代价是 1。

设计阶段：3～6 倍；变更设计。

第4章 需求工程

编程阶段：约 10 倍；调整或重建构架、调整与新增代码。

内部测试阶段：20～40 倍；测试、排查、修复。

外部测试阶段：30～70 倍；内外测试人工、差旅、场地设施、排查与修复等费用。

产品发布后：40～1000 倍；测试与排查费用、各现场产品与库存产品修复费用、市场信誉损失。

4.1.4 系统产品研发过程缺陷

根据中航电测研发过程控制的需要与实践，归纳了如表 4-7 所示的 9 大类缺陷，并构建了的系统产品研发过程缺陷模型，如图 4-4 所示。

表 4-7 系统产品研发过程缺陷类别

序 号	类 别	说 明
1	功能缺陷	与目标功能的不一致性
2	性能缺陷	不满足目标要求的程度
3	系统缺陷	软件、硬件系统设计与构建的缺陷
4	软件代码缺陷	软件界面及操作、输入/输出、代码编写规范性缺陷
5	软件数据缺陷	软件数据定义、说明、初始化、资源分配、数据库缺陷
6	软件加工缺陷	软件数据加工处理、逻辑关系缺陷
7	器件选型缺陷	机械、电子等器件选型缺陷
8	工艺与保障缺陷	系统产品生产工艺、外观设计、加工、保障性等缺陷
9	图纸资料缺陷	图纸与资料完整性、规范性缺陷

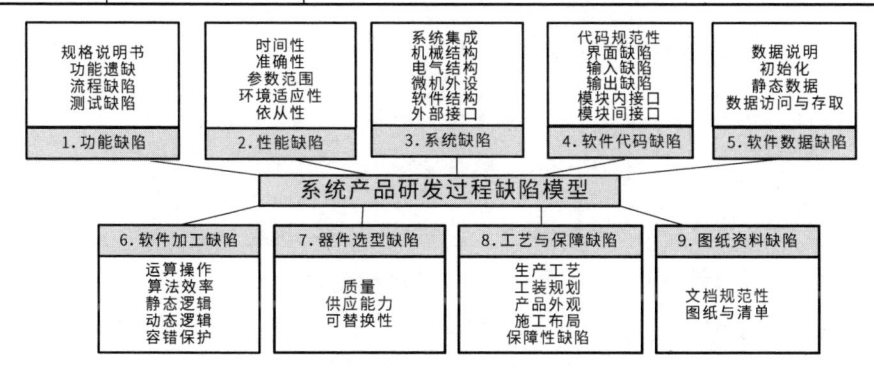

图 4-4 系统产品研发过程缺陷模型

4.2 质量问题产生的原因及质量控制

4.2.1 质量问题产生的原因

缺陷是造成质量问题的根源！

1. 计算器开发举例

计算器设计缺陷导致的质量问题举例如表 4-8 所示。

表 4-8 计算器设计缺陷导致的质量问题举例

序号	缺陷导致的产品质量表现	举例（计算器，说明书表明具有加、减、乘、除功能）
1	无说明书上说明的功能	如按"+"键无反应
2	出现说明书明确不会出现的错误，容错性能差	误敲键导致死机
3	出现说明书上没有的功能	如具有平方根求解功能
4	出现说明书上未明确但按常理该有的功能	如电量不足导致计算错误
5	界面交互、用户体验感不好，可操作性差	如"="键太小难按，看不清
6	运行性能差，运行慢、卡滞、不稳定	如显示闪烁、反应迟钝

2. 缺陷导致软件危机举例

软件开发过程中的缺陷，导致软件危机。

（1）忽视前期需求分析或分析不充分。

（2）开发流程控制不规范、文件资料不全、团队交流不充分。

（3）缺少编程规范意识与控制，盲目编写程序。

（4）忽视测试阶段工作，导致提交用户的软件质量差。

（5）软件维护、管理不规范。

3. 软件开发各阶段时间分配举例

产品研发过程中急功近利，忽略需求与测试环节的投入成为缺陷产生的主要原因之一，缺陷又导致了质量问题的产生。软件开发的正常工作量分配比例大致是：需求分析与设计为 40%，编码为 20%，软件测试为 40%。

4.2.2 质量与缺陷的关联关系

产品质量：是研发过程要解决的目标问题。
过程缺陷：是引发质量问题的根源。
仿真/评审/测试：是发现缺陷、保障质量的手段。

质量与缺陷的关联关系如图 4-5 所示。设备表面喷漆处理的质量与缺陷的关系如图 4-6 所示。

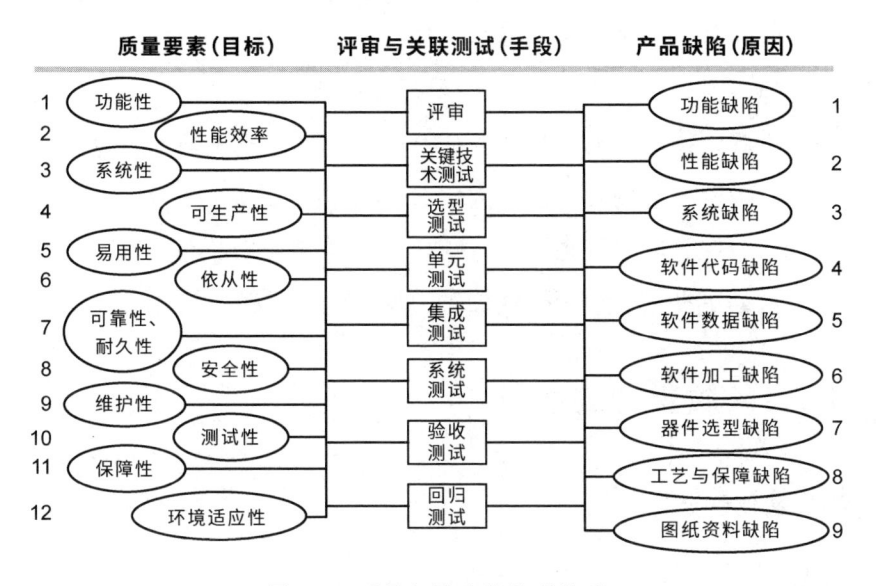

图 4-5 质量与缺陷的关联关系

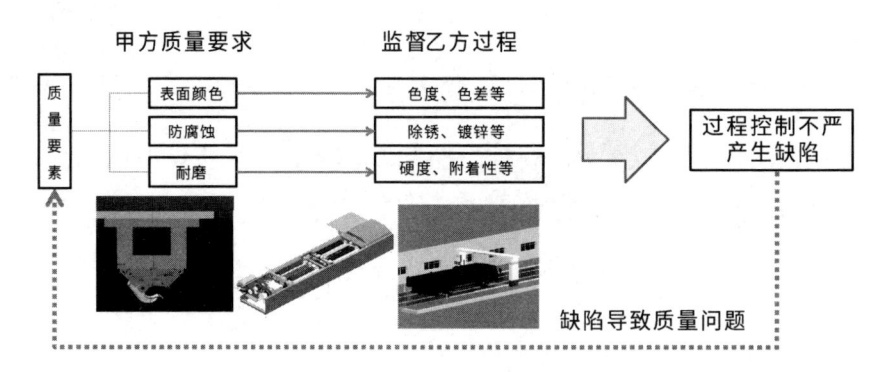

图 4-6　设备表面喷漆处理的质量与缺陷的关系

4.2.3　质量、缺陷与风险的关联关系

缺陷导致质量问题，质量问题导致项目、产品运营风险。

风险是指某一特定危险情况发生的可能性和后果的组合。风险分类方式繁多，视具体应用需要而定。

风险有以下 5 个特征：

（1）客观性。它是客观存在的，是不以人的意志为转移的，如交通事故、火灾等。

（2）不确定性。风险发生的具体时间、地点、损失是不确定的。

（3）损害性。它的发生会给人们的生活带来损害。

（4）应急性。一旦发生须紧急处理，以减少其危害。

（5）可测定性。可预测可能发生的场景/发生概率/风险等级。

4.2.4　质量控制手段

1．设计控制

主要指设计关键点控制，如引用、计算、推演等。在军品设计过程中，核心关注六性设计。

2．仿真控制

机、电、软设计仿真。

3．评审控制

（1）设计阶段评审控制

监督研发工作进度和观测需求是否被满足的过程方法。

（2）测试/试验评审控制

试验大纲、测试设计方案与结果评审。

4．测试/试验控制

（1）设计阶段测试/试验控制

关键技术、关键部件与器件选型。

（2）样机测试/试验控制

从制作过程到样机完成全过程的测试/试验/验证，确认产品是否满足需求。

（3）使用阶段测试/试验控制

对软硬件部分进行标记、追踪以及控制其变更。通过管理部件或器件（硬件）或组件（软件）的版本及各版本之间的关系来控制软件系统的演进。

不同质量控制手段之间的关联关系如图 4-7 所示。

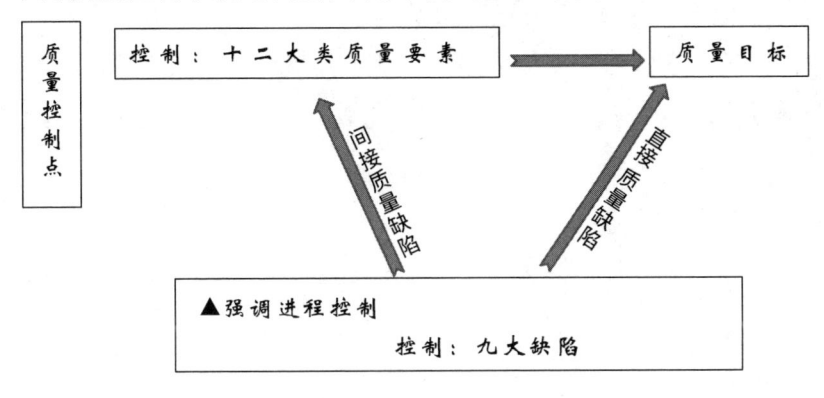

图 4-7　不同质量控制手段之间的关联关系

4.3 需求要素及传递

4.3.1 需求要素管控

将需求要素分为质量、成本、交付、架构等4类，在做涉众需求分析时，首先要收集需求，将需求分类整理列表。

此处以质量要素为例进行讲解，其他要素类同。

质量要素管控如表4-9所示，以质量模型分类为基础实施分类列表，按两级分类。

（1）质量要素识别

按所开发产品的实际需要，分类识别质量要素，并给出定性或定量的要求；有定量要求时，研发过程控制中研发管理平台软件会自动判断要素的符合程度；只有定性描述时，需要人工判断符合程度。

（2）质量要素分析

分析要素的紧急、重要程度，排出优先级，列出相关的涉众。

（3）质量要素管控

该项设置用于研发管理软件平台中，能自动生成相应阶段的设计、评审、仿真要素表。

控制阶段：选择对该要素按研发流程实施管控的阶段，可单选或多选。

控制方式：选择采用设计、评审、仿真、测试控制的手段，可单选或多选。

（4）关联缺陷要素

对于需要分解到过程中实施对应缺陷管控的质量要素项，需与缺陷表中的要素选择关联，便于软件关联控制。

第 4 章 需求工程

表 4-9 质量要素管控

分类		质量要素识别					质量要素分析		质量要素管控		关联缺陷要素	备注
大类	子类	要素	目标			单位	优先级	涉众	控制阶段	控制方式		
			定性描述	定量范围								
				下限	上限							
功能性	功能1											
	功能2											
性能效率	时间特性											
	准确性											
	容量											
	兼容性											
……	……						……		……		……	……

注：①优先级：1-最低目标；2-低；3-中等；4-高；5-最高。
②目标中的定性描述和定量范围至少填一项，定量范围值的下限为空格则视为0，上限为空格则视为无穷大。关联缺陷要素无须关联时用"/"表示。

79

4.3.2 需求的分级传递

以质量要素为例，质量模型、模板也是CBB建设的内容之一，如图4-8所示。需求要素传递如表4-10所示。

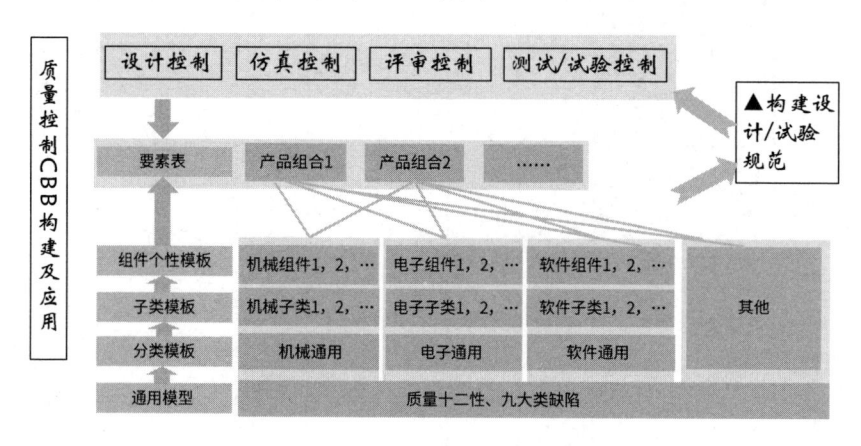

图 4-8 质量控制CBB构建及应用

（1）构建的质量需求模型针对系统集成产品具有通用性，是没有确定要素的两级分类。

（2）在质量通用模型基础上，面向不同类别的产品，传递成对某类（系列）产品具有针对性的质量模板、子模板，可根据需要调整分类。分类模板具有具体要素（即产品分类需求基线库）。

（3）再用待开发产品所在产品类别的模板，传递生成具有具体指标的质量需求要素表。

（4）产品常见缺陷控制模型、模板、要素的传递与质量要素类同。

（5）对于常见的质量要素及缺陷，通过归纳共性，形成标准和规范。

（6）设计、仿真、评审、测试/试验控制中，应充分利用要素表、标准/规范对要素实施控制。

第4章 需求工程

表4-10 需求要素传递

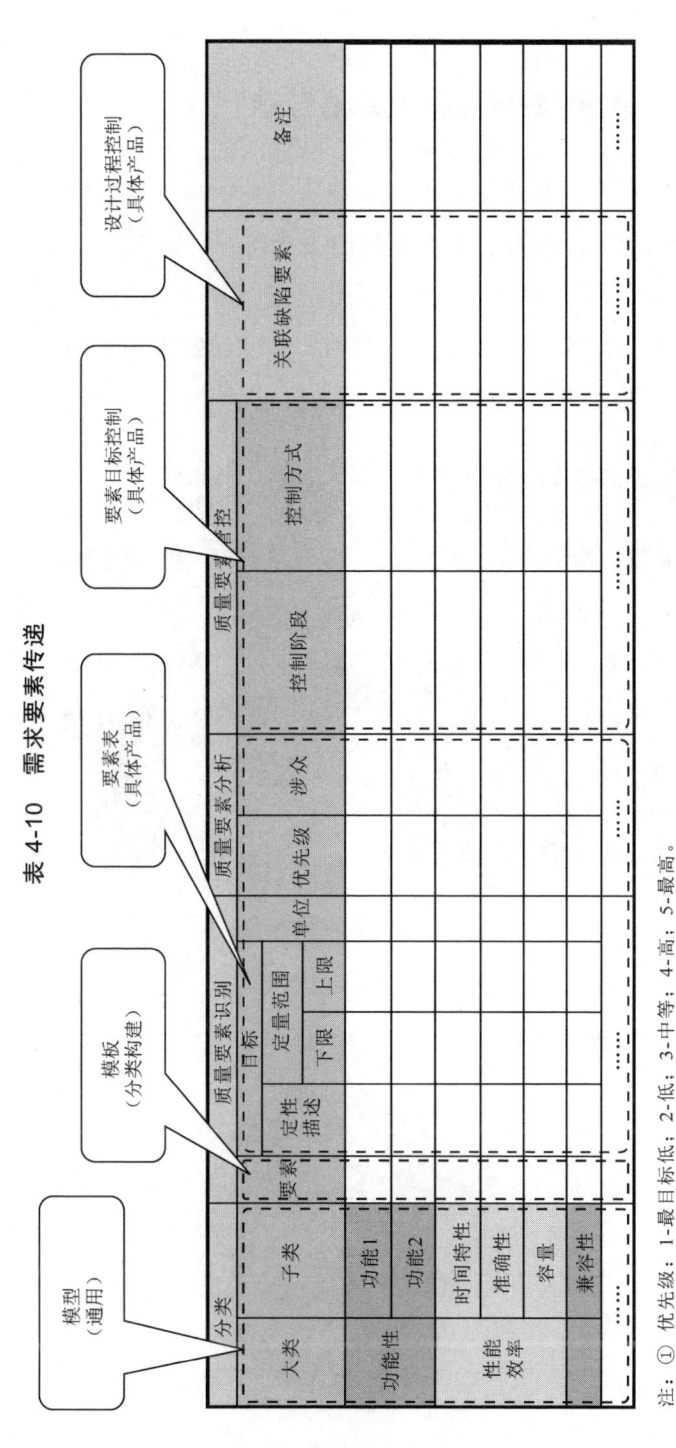

模型（通用）		模板（分类构建）				要素表（具体产品）			要素目标控制（具体产品）	设计过程控制（具体产品）
分类		质量要素识别				质量要素分析		质量要素监控		
大类	子类	要素	定性描述	定量范围		单位	优先级	涉众	控制阶段	控制方式	关联缺陷要素	备注
				下限	上限							
功能性	功能1											
	功能2											
性能效率	时间特性											
	准确性											
	容量											
	兼容性											
……												

注：① 优先级：1-最目标低；2-低；3-中等；4-高；5-最高。
② 目标中的定性描述和定量范围至少填一项，定量范围值的下限为空格则视为0，上限空格视为无穷大。关联缺陷要素无须关联时用"/"表示。

81

4.3.3 质量/缺陷库的创建与迭代

将研发过程中通过评审、测试、仿真发现的过程缺陷记录在集成研发模块 ZOS.IPD 中，将使用过程中反馈的质量问题记录在 ZOS.QM 质量管理模块中；在信息化平台的支持下，经过分析、评估、统计，将问题分别迭代到缺陷库及质量库中，并记录问题的严酷度、发生频次等，防止以后再发生类似的事件，如图 4-9 所示。

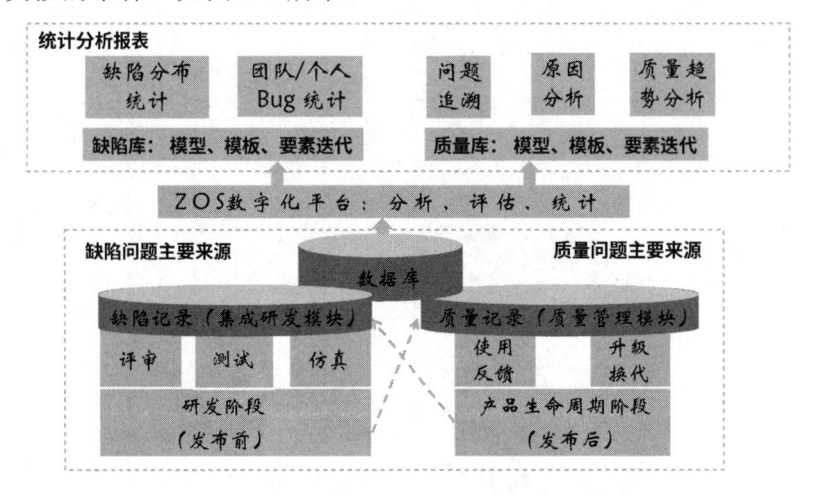

图 4-9 质量/缺陷库迭代

质量问题分布如图 4-10 所示，缺陷分布如图 4-11 所示，图中未列出的要素类别问题数量为 0。

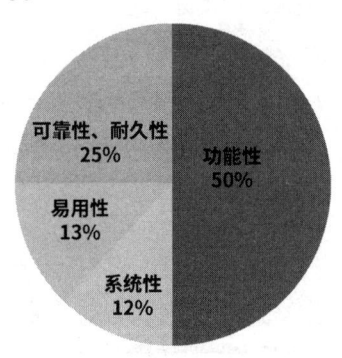

图 4-10 质量问题分布

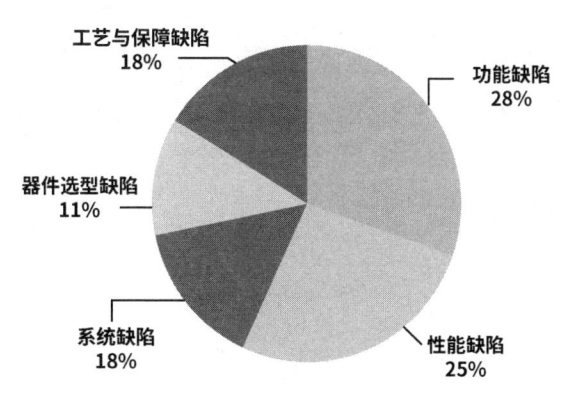

图 4-11 缺陷分布

4.4 需求管理流程框架

4.4.1 产品全生命周期与需求管理

产品研发过程是通过项目管理手段实施过程管控，使需求得到实现的过程，如图 4-12 所示。

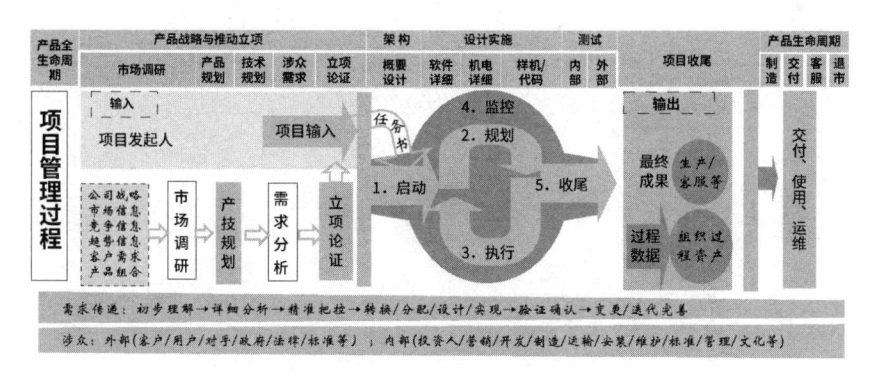

图 4-12 产品全生命周期与需求管理

1. 项目启动

从市场调查研究、形成产技规划到立项论证的过程中，对需求的理解是从宏观到微观逐渐明细的过程；鉴于目前大部分企业的人力资源能力现状，在编制产技规划时，往往没有能力去深入细致地分析需求，详细需求分析通常会放在立项论证之前；通过详细的需求调研分析，转换为产品研发的初步目标（概念模型），立项论证通过后，下达项目任务书并启动项目。

2. 项目规划、执行、监控

项目启动后，进入概要设计（方案阶段），这时就需要精准把控需求，并从技术实现视角，进一步迭代完善研发目标，完成非功能需求到功能需求的映射；经过逻辑交互关系分析，初步构建产品 PBS 分解结构，再完成功能到物理架构之间的分配映射。

在详细设计与样机制造阶段，是通过机、电、软的物理设计，去实现需求的过程。

产品研发过程，通过评审、仿真、测试，去监督需求是否得到实现；通过需求变更管理，可以响应合理的需求变化，也可以防止由于随意修改需求导致的失控。

3. 项目收尾与产品生命周期阶段

通过验证、验收，确认需求是否得到满足，输出相应的文档资料。通过总结与复盘提炼经验教训，提出相关建议。

将该类产品在开发与运维过程中发现的过程缺陷及质量问题分别做好记录，并将需求库更新迭代，防止以后再发生类似问题。

4.4.2 产品需求工程框架

在研发主流程 Zemic_Multi_V 模型中，研发流程的核心是需求的管控，构建需求工程就是要对需求的全过程实施闭环管控，不同阶段、不同产品，具有不同的要求。

需求工程框架如图 4-13 所示，它是依据数字化管理的逻辑构建的，需求工程的数字管理在 ZOS.IPD 模块中一并实现。

第4章 需求工程

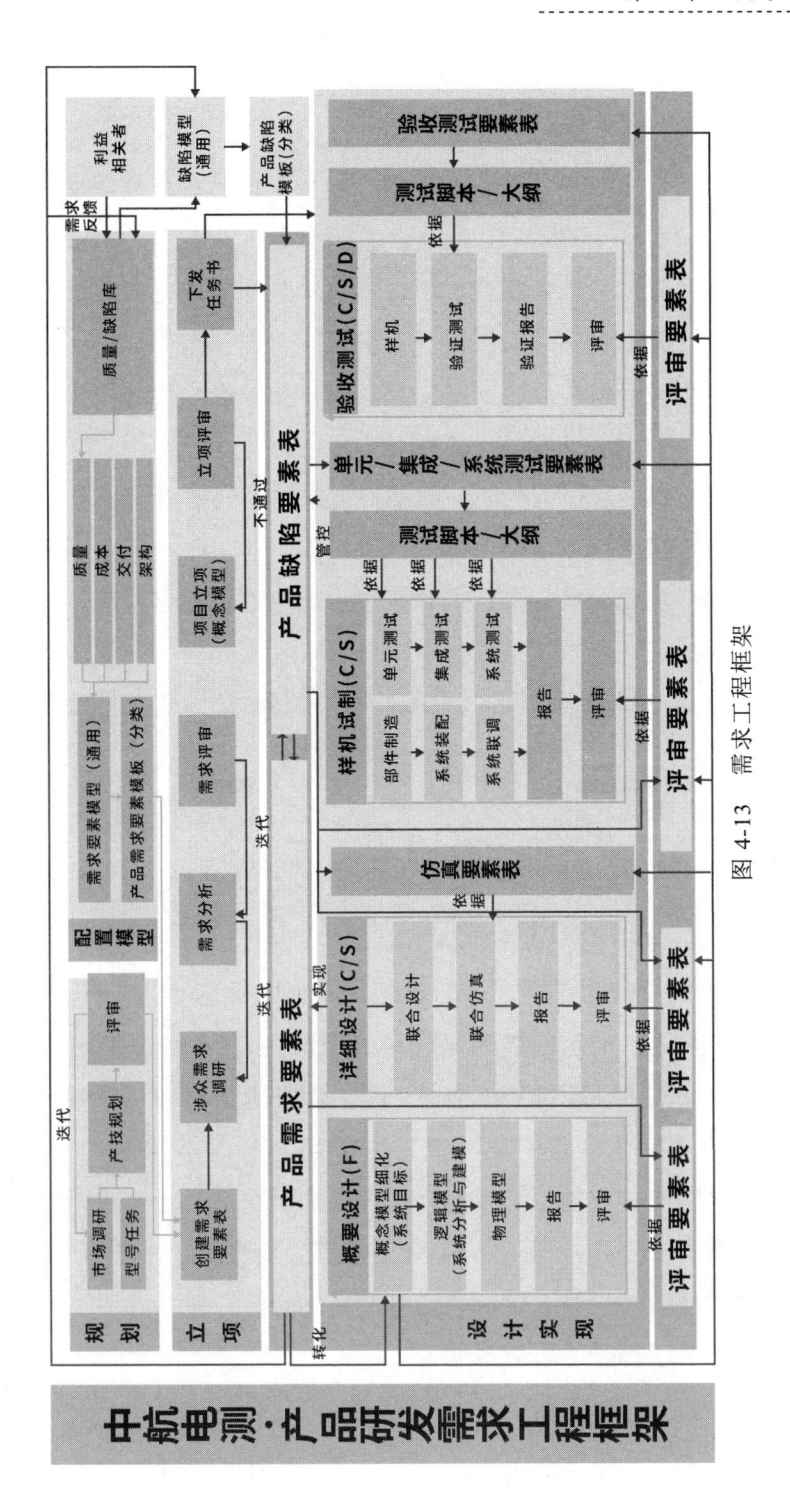

图 4-13 需求工程框架

（1）通过模型→模板→要素表的传递来创建新品开发的初始需求要素表。

（2）进行需求调研、分析、评审，转换为产品研发概念模型，推动立项论证。立项论证通过后，下达项目任务书进入产品研发阶段。

（3）概要设计阶段，按产品研发概念模型要求展开方案设计，从产品需求要素表中筛选输出该阶段的评审要素，输出评审要素表。

（4）详细设计阶段，在产品缺陷、需求要素表中筛选输出评审、仿真要素表。

（5）样机试制阶段，在产品缺陷、需求要素表中筛选输出评审、单元/集成/系统测试要素表，并形成测试脚本/大纲。

（6）验收测试阶段，在产品需求要素表中筛选输出评审、验收测试要素表，并形成测试脚本/大纲。

（7）产品在评审、仿真、测试过程中发现缺陷，需要处理关闭，并纳入质量/缺陷库，进一步迭代质量/缺陷模型。

4.4.3 需求管理全生命周期流程

图 4-14 给出了需求管理全生命周期流程，将需求管理划分为应用场景分析分割、获取需求、分析加工、转换目标、立项启动、实现需求、验收评价、产品上市运营需求迭代等 8 个阶段，各阶段与 Zemic_Multi_V 研发流程的相应阶段对应。这些工作在集成研发模块 ZOS.IPD 的支持下开展，其数字化运营的逻辑参见图 4-13。

通过需求工程实施，可以建立起非功能需求、功能需求、物理架构、产品设计数据（报告、图纸、BOM 清单等）及应用技术之间的关联关系，为产品构型管理（见第 8 章）奠定基础。

下面给出了部分阶段的说明。

第 4 章 需求工程

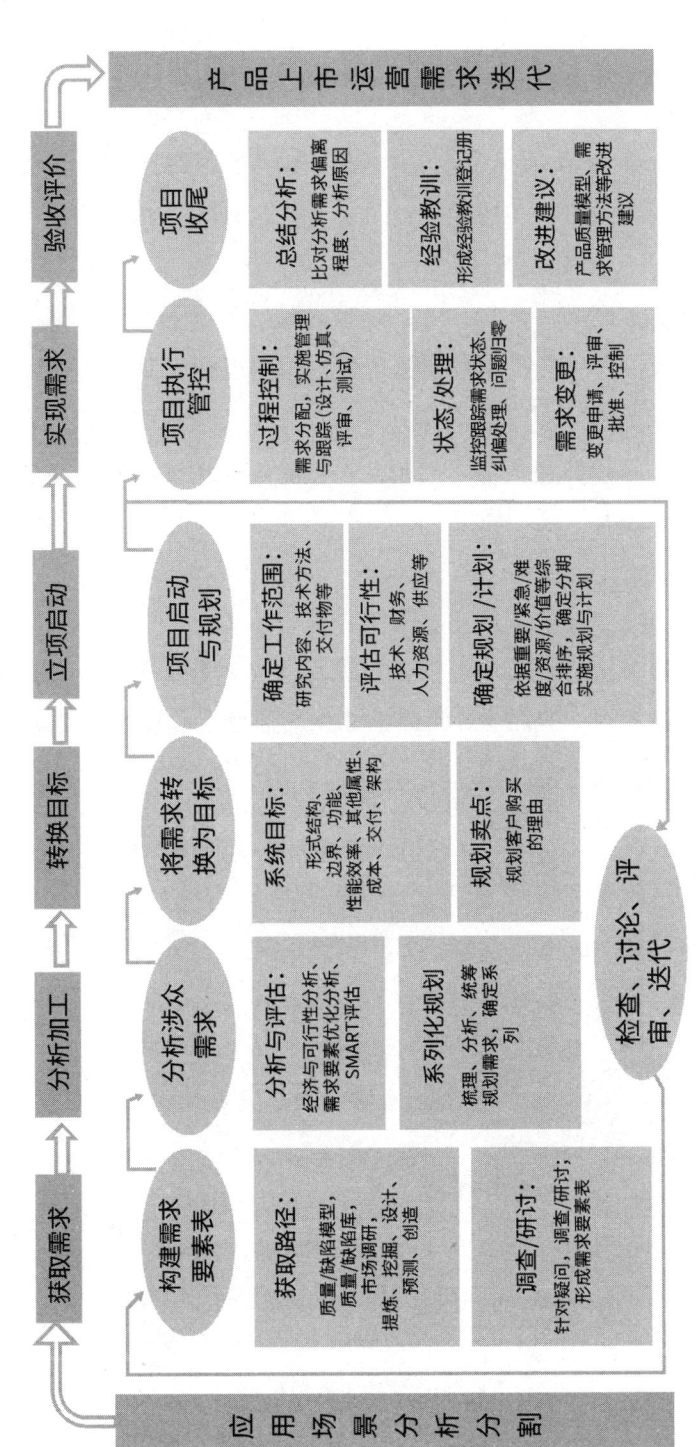

图 4-14 需求管理全生命周期流程

1. 应用场景分析分割

一个产品本身就是一个系统，每个系统在特定的场景中运行。应用场景包括系统运行所处的时间、空间、设备支持、社交及用户情绪等多个方面。

场景描述了产品用户操作者、运营环境、运营目标等内容，在特定应用场景下运营，产品会产生一系列可能的"涌现物"，通过分析，去约束或消除不良"涌现物"。基于场景理论的交互设计，就是要让产品能满足在应用场景中正常运行的相关需求，因此需要在需求收集分析之前，调查分析并分割应用场景。

2. 获取需求

如图 4-15 所示，首先通过模型→模板→要素表的传递来创建新品开发的初始需求要素表；然后针对产品个性化的问题进行分析，主动通过提炼、挖掘、设计/预测、创造，去修正与补充需求；再针对个别有疑问的问题，开展需求调研。可以在形成完整需求要素表后，再次征集意见，以便于补充完善，形成涉众需求报告。

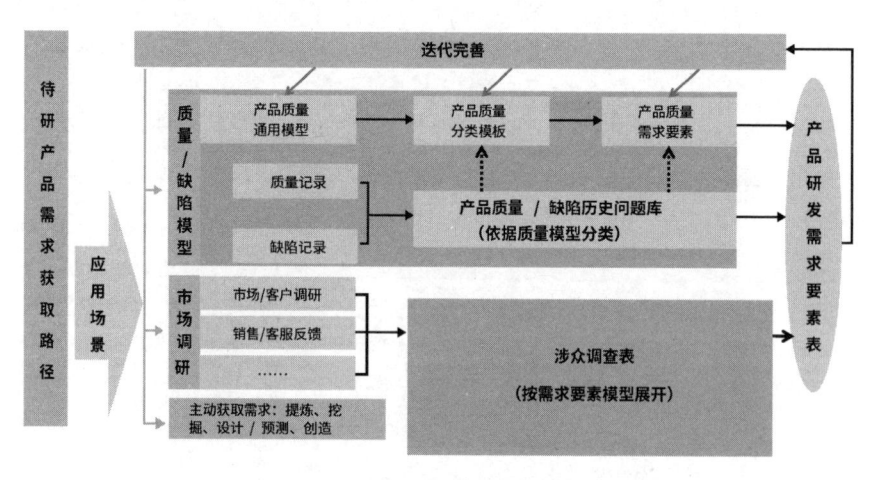

图 4-15 需求获取路径

3．分析加工

（1）经济与可行性分析：分析战略一致性、经济与社会效益、实现难度、市场与竞争性，评估风险。

（2）需求要素优化分析：分析归并需求、确定需求优先级，筛选、加工与转换，抽象与设计需求。

（3）依据 SMART 原则评估

S——必须是具体的（Specific）；

M——必须是可以衡量的（Measurable）；

A——必须是可以达到的（Attainable）；

R——与其他目标的相关性（Relevance）；

T——必须明确截止期限（Time-bound）。

（4）系列化规划：针对可以系列化的产品，需梳理、分析、统筹规划需求，做好产品统型，规划产品系列。

经过对涉众需求的分析加工，形成了产品研发需求。

4．转换目标

将需求转换为开发目标，即产品概念模型，描述相关要素。

（1）形式结构：产品外观、结构、组成等。

（2）系统边界：物理、应用、环境等边界。

（3）功能与性能效率：质量要素中的非功能要素是功能满足用户使用的程度，依附于功能而存在，所以需要将它们分配映射至功能要素。鉴于目前的能力现状，在立项论证阶段，应完成性能效率到功能的分配映射；到概要设计阶段，应完成全部非功能到功能要素的分配映射。

（4）成本与交付要求。

（5）能源供给：水、电、风、气等要求。

（6）规划卖点：规划客户购买的理由。

5. 其他阶段

（1）立项启动：要对实现需求的必要性、可行性，以及为实现需求所需要的工作内容及相应资源、里程碑计划等展开论证，以确保做正确的事。

（2）实现需求：概括设计阶段，实现非功能需求的分配映射、功能到物理架构（PBS 分解结构）的分配映射，并实施过程控制。

（3）验收评价：确认需求是否得到满足，问题是否关闭。

4.5　需求工程案例

4.5.1　应用场景分析分割及需求获取

案例：中航电测应用物联网技术，融合重力、RFID、二维码物品识别等技术，开发了基于多源信号的数字化"智能仓库"，实现库存物料的管理；应用订单驱动模式，实现对目标货物的精准导航，大幅提升出入库效率，降低寻找物料和货位难度。适合多品种、小批量生产的库存管理数字化，有效避免了建立自动化立体库投入产出比低的情况。

1. 工厂园区内部仓储物流

（1）场景分割

如图 4-16 所示，对场景实施纵、横向场景分割。

① 运营管理：ZOS.WMS 企业数字运营系统中的仓储管理模块。

② 测控/调度：智能仓库测量控制系统（WCS）。

③ 仓库/配送：各类仓库、物料配送系统（如 AGV 等）。

④ 货架：各类基于不同信号源的物料管理货架。

⑤ 模块/组件：组成货架的各要素分解。

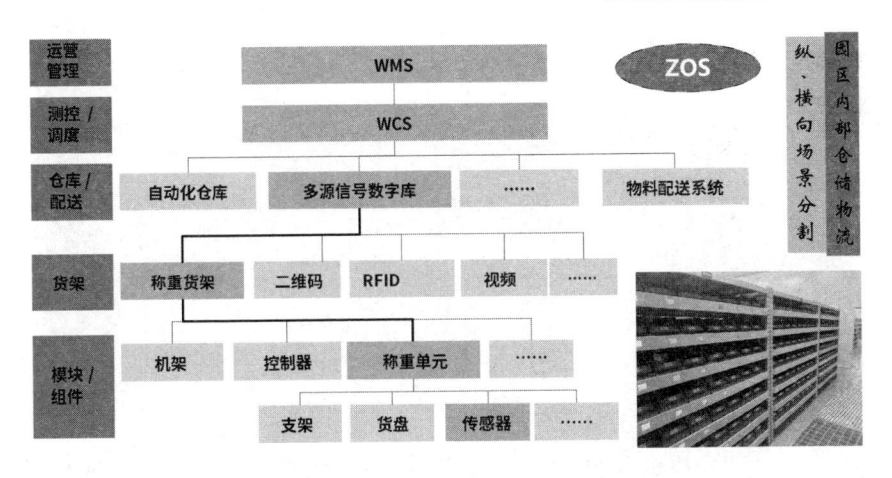

图 4-16 工厂园区内仓储物流场景分割

（2）组合分析

① 多源信号数字库整体运营场景：将 WMS、WCS、多源信号数字库等作为一个组合进行分析。

② 称重货架应用场景。

③ 称重单元应用场景：将称重单元及其下层的组件作为一个组合进行分析。

2．子场景分析分割

分别按多源信号数字库整体运营场景、称重货架应用场景、称重单元应用场景进行逐层细化分析分割。

下面以称重货架应用场景分析分割为例进行说明，如图 4-17 所示。

出厂前的研发、制造环节场景分析此处略过，我们从准备发货开始分析。在分析分割场景后，再针对不同涉众展开需求获取分析。

（1）物流过程

包装、运输：防滑动、防挤压、防碰撞、防雨淋等。

装货、卸货：叉/吊空间位置、防变形、装车空间利用率等。

（2）装配调试过程

安装：结构便于安装、固定，存取货空间位置等。

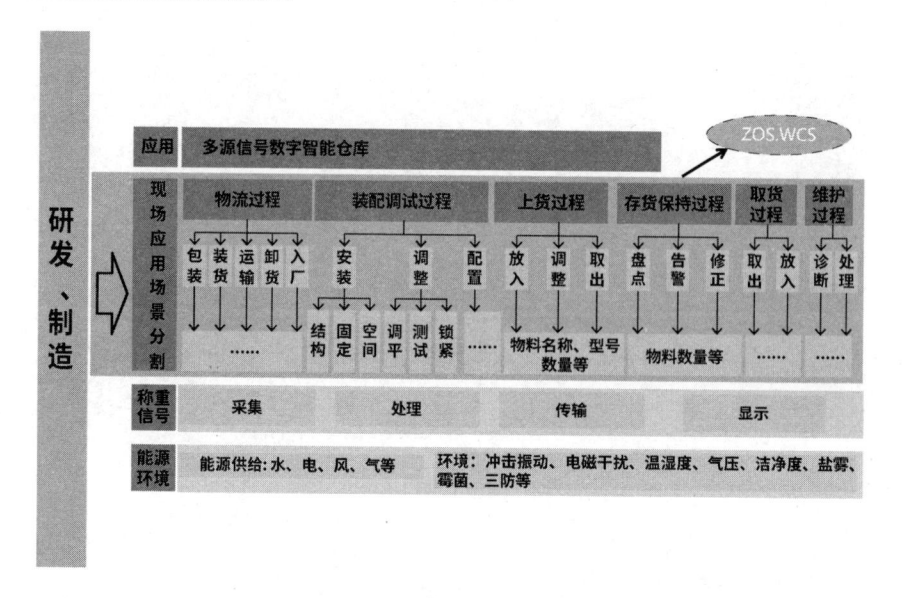

图 4-17　智能称重货架应用场景分析分割

调整：货架调平、如何测试与传输/处理/保存数据、相关位置如何锁紧等。

（3）上货过程

放入：货物放入时如何识别物料的名称、型号/规格、数量等。

调整：放入位置不对，人工在进行位置调整时如何防止出错等。

取出：货物上货时发现放错后取出，如何防止出错等。

（4）存货保持过程

盘点：人工盘点、自动盘点等。

告警：信号异常、动作异常、环境异常等。

修正：称重信号受环境温度、形变等影响产生漂移、蠕变等。

（5）取货过程

参照上货过程。

（6）维护过程

诊断：诊断工具、方法、现场/远程等。

处理：人员、备件、工具等。

3．获取需求

因为开发智能仓储系统的需求获取不是从零开始的，而是基于原有无人值守货柜、货架开发经验获取的，所以需求获取的步骤与介入未知的新领域的开发有本质区别，下面基于上述的应用场景分析，列出了需求获取步骤：

（1）模型到要素传递：模型→模板→初步形成产品要素表。

（2）确定涉众：外部（客户、用户等），内部（投资人、发起人、营销、开发、制造、运输、安装、维修等）。

（3）分析涉众需求：按分割后的场景逐个分析各涉众的需求。

（4）主动获取需求：提炼、挖掘、设计/预测、创造。

（5）需求要素整理：整理需求，完善产品需求要素表。

（6）需求市场调研：对不理解、不明确的问题做进一步调研。

（7）需求再整理：整理、归并，最终形成产品需求要素表。

4.5.2　产品测试控制

案例：中航电测下属某子公司开发车辆检测用自动定位路试仪，用于车辆路试制动性能测试时的制动初速度、制动距离、轨迹偏移量测试。

本案例在集成研发模块 ZOS.IPD 中实现。产品测试控制框架如图 4-18 所示。

1．测试准备

（1）从构建的产品需求要素表中，软件可按单元、集成、系统、验收测试阶段进行条件筛选，提取并输出相应要素表，再填写测试方法、测试记录，便形成了测试脚本，如表 4-11 所示 。

（2）脚本中的测试方法，可直接引用测试规范。

（3）测试脚本中，针对需要展开试验的要素，另行编制试验大纲。

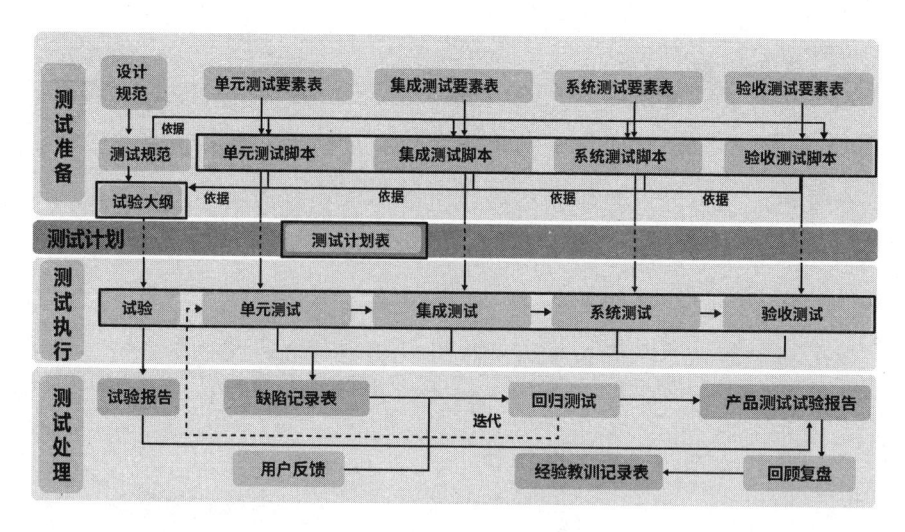

图 4-18 产品测试控制框架

2. 测试计划与执行

（1）在测试脚本、试验大纲的基础上，明确时间、人员、所需资源等，制定测试计划。

（2）按计划执行测试，并做好记录。

3. 测试处理

（1）编制原始测试记录报告。

（2）分析与处理发现的缺陷。

（3）对已处理的缺陷或使用过程中发现的缺陷做回归测试。

（4）综合分析，形成最终的测试试验报告。

（5）总结与复盘，提炼规律。描述经验与教训，并举一反三，迭代更新质量/缺陷模板及要素表。

第 4 章 需求工程

表 4-11 从需求要素表到脚本编写

自动定位路试仪-GPS测试脚本

测试分类			测试要素识别				测试方法	测试结果记录				测试阶段
模块	大类	子类	要素	定性描述	定量范围		单位		定性描述	定量范围		判定
					下限	上限				下限	上限	
终端控制箱	系统性	工艺外观	布线规范	布线、布局美观				目测					单元测试
	系统缺陷	电气结构缺陷	布线合理性	数字、模拟信号分离；高频信号屏蔽				目测					单元测试
	系统缺陷	电气结构缺陷	可安装性	安装方便快捷				目测					单元测试
GNSS模块	性能效率	准确性	GNSS定位精度		-30	30	mm	见《GNSS模块试验大纲》	按照阶段分类导出			系统测试
	性能效率	准确性	数据丢失数			0	条	大量实车测试（>50次），查看稳定性				系统测试
工程样机	系统缺陷	系统集成缺陷	通信稳定性	PDA与服务器Wi-Fi连接，传输稳定								系统测试
……	……	……	……	……				……				……

按照被测单元/模块关联、整理

按照阶段分类导出

注：目标中的定性描述和定量范围至少填一项，定量范围值的下限为空格则视为0，上限为空格视为无穷大。

95

4.5.3 需求确认与纠正处理

案例：同 4.5.2 节案例。
目标：

（1）满足国标要求（测试路试车辆制动性能指标：制动距离或 MFDD、制动偏移量）。

（2）数据无线上传，显示车辆轨迹。

（3）设备安装简单，使用方便（单台车辆测试时间≤10min）；价格合适（成本、利润）。

1. 需求确认

显示需求要素管控状态与回归次数，如定性要求则需人工判断。需求管控状态分为合格、不合格、未控制、新增、消失。自动定位路试仪-GPS 质量要素确认表如表 4-12 所示，成本交付要素、架构要素类似。

表 4-12 自动定位路试仪-GPS 质量要素确认表

质量分类		要素识别					要素管控		管控结果	
大类	子类	要素	定性描述	定量范围		单位	控制阶段	控制方式	管控状态	回归次数
				下限	上限					
功能性	国标限值	实时速度	车辆速度实时显示				概要设计	评审测试	已合格	0
		制动距离	准确显示制动距离				功能实现	评审测试	已合格	0
性能效率	准确性	实时速度	显示精度	0	0.5	km/h	关键技术	评审测试	不合格	1
		制度距离	示值误差	-0.01	0.01	m	功能实现	评审测试	已合格	2
系统性	工艺外观	布线规范	布线、布局美观、符合规范				功能实现	评审测试	新增	0
……			……				……		……	

注：目标中的定性描述和定量范围至少填一项，定量范围值的下限为空格则视为0，上限为空格视为无穷大。

2. 纠正处理

针对需求确认的不合格项，需要进行纠正处理，并做回归测试直至关闭。发现问题到解决问题的工作步骤如图 4-19 所示，自动定位路试仪-GPS 质量要素纠正如表 4-13 所示。

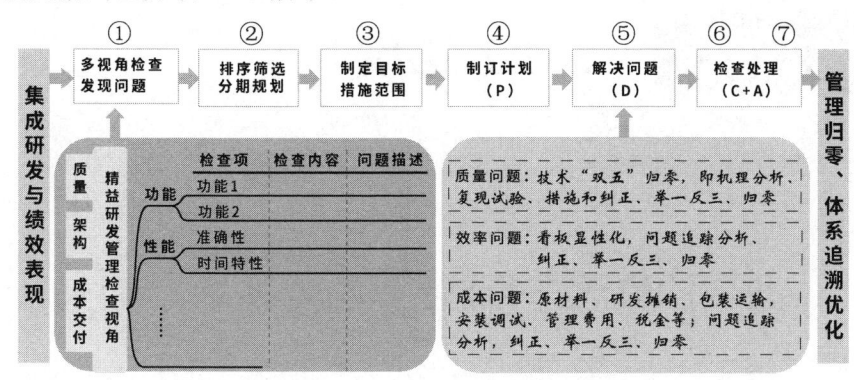

图 4-19 发现问题到解决问题的工作步骤

表 4-13 自动定位路试仪-GPS 质量要素纠正

要素分类	大类	子类	要素	目标				要素管控		管控结果	
^	^	^	^	定性描述	定量范围		单位	控制阶段	控制方式	管控状态	回归次数
^	^	^	^	^	下限	上限	^	^	^	^	^
质量	性能与效率	准确性	实时速度	显示精度	0	0.5	km/h	技术预研	评审测试	不合格	1
成本交付	成本需求	总成本	总成本	毛利率保证在30%以上		18 000	元	概要设计	评审	不合格	2

原因分析				任务计划		
问题原因描述	检查人	检查时间	优先级	纠正措施	
实时速度显示精度因显示部件选型不当（国内无合适产品），达不到设计要求	温入军	2020-07-17	5	采购部件基础上二次开发	
在预定销售价格前提下，因当前物料价格上涨，无法保证毛利率	董阳	2020-08-08	1	产品发布后，马上启动二期结构优化，实现计划目标（经讨论可以优化）	

任务计划				归零验证	
举一反三	工作范围	责任人	完成时间	问题归零	绩效评价
同时验证制动距离或其他显示部件是否也存在类似问题	所有显示模块	赵晓康	2020-08-15	问题解决	项目管控能力有待提高，应当在团队内部发现问题
设计时应当有多种方案，不应该以毛利率为前提规划成本	优化结构；重新选型；与供应商谈判	丁立斌	2021-05-31	进行中	未能预留成本空间，未能准备多种方案

体系优化			
体系问题原因	改进建议	建议人	担当人	完成时间
无	无			
成本先后顺序颠倒	调整"研发预算与实际成本对比""产品成本核算"前后位置	董阳	孙鑫	2021年2月

第 5 章　CBB 建设

5.1　CBB 的概念与方法

1．CBB 的基本概念

CBB（Common Building Block，共用构建模块）是指可以在不同产品、系统之间共用的产品（模块/组件）、技术、架构和模板等。CBB 分类如图 5-1 所示。

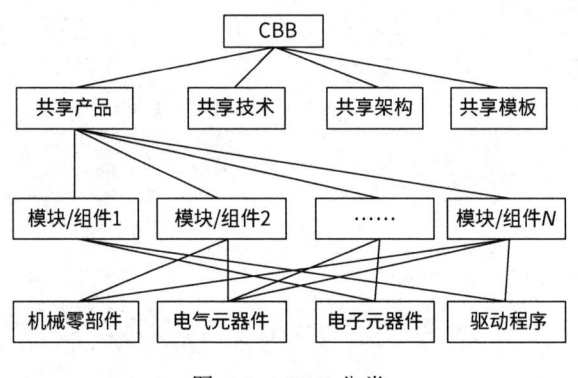

图 5-1　CBB 分类

2．CBB 的作用

CBB 如同基础积木块一样，在支撑产品快速开发和交付、保证产品质量与周边协同上起着非常关键的作用。可以想象，当产品是基于许多成熟共享的 CBB 搭建时，产品的质量、进度和成本无疑都会得到更好的控制和保证。缺乏 CBB 的企业，研发人员将有 60%左右的重复劳动或者研发已经存在的成果。

在时间紧、任务重的情况下，企业有限的资源一旦投入到重复性的产品研发工作中，将导致研发效率下降、成本上升、项目周期延长等问题，甚至使产品质量面临风险。为了解决这些矛盾，CBB 的开发与应用显得尤为重要。

在产品研发中鼓励共享和重用 CBB，可以带来诸多好处：

（1）降低成本：技术和软硬件被大量共享，可极大降低研发和生产成本。

（2）开发迅捷：在共享基础上，增加新技术、新特性，能够快速开发新产品，加快对市场的反应。

（3）稳定可靠：共享成熟度高的货架产品，大大增加了产品的稳定性和可靠性。

（4）节约资源：通过共享，减少重复，释放大量人力资源。

3．CBB 构建途径

构建 CBB 有两种途径：一是通过体系规划，自上而下进行 CBB 建设；二是从项目、产品和过程中归纳总结，识别出可作为 CBB 的内容。CBB 建设途径如图 5-2 所示。

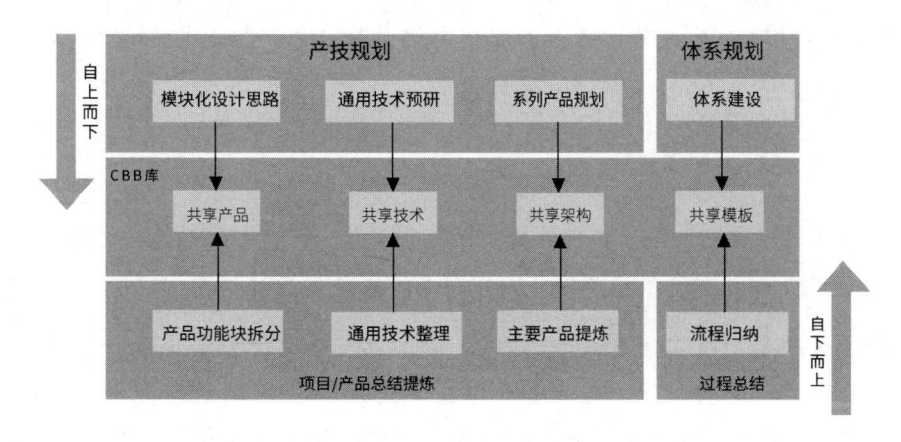

图 5-2　CBB 建设途径

5.2 CBB 建设流程

CBB 需要一套完整的体系来支持其运行，只有创建而没有维护及监控分析，很难发挥 CBB 的作用，无法做到持续为公司带来价值。CBB 建设需要从规划、开发、使用、维护和监控等 5 个方面进行，如图 5-3 所示。

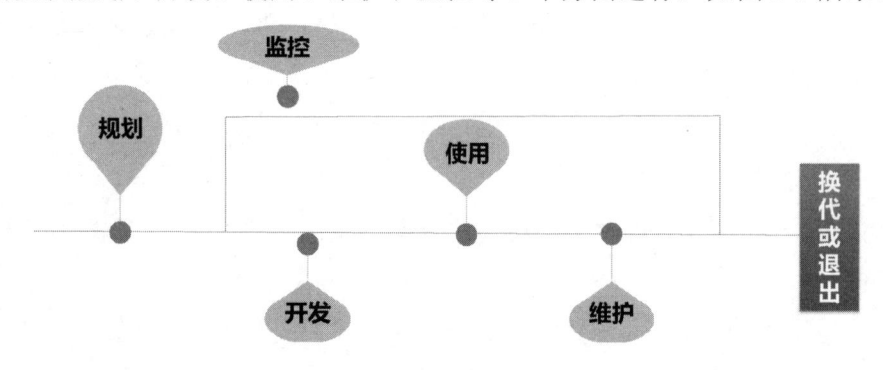

图 5-3 CBB 建设流程

5.2.1 CBB 的规划

CBB 的建设不能急于求成，打好基础是关键。通常需要先对本公司产品和技术发展趋势、产品特点和产品定位进行分析，CBB 的建设内容需要紧密结合产品研发与生产活动的特点。

1. CBB 规划要点

（1）设计平台构建：各类计算机辅助设计（CAD）工具基本上已经普及，统一的设计开发工具是提高 CBB 复用率的基础。设计开发工具需要进行顶层规划，统筹构建覆盖本公司产品研发主要活动的计算机辅助设计平台。

（2）需求分析：CBB 建设的交付物是什么？CBB 数据库的具体形态是什么？CBB 将会如何被使用？CBB 将被哪些人使用（CBB 的客户）？CBB 的规划同产品的规划一样需要进行需求分析，弄清楚 CBB 的使用场景，解决客户的痛点才能成功。

（3）专业 CBB：

① 规划内容：按机、电、软等不同专业，借助于计算机辅助设计平台构建的 CBB，通常包括各种设计交付物模板、标准件模型库、通用件模型、图形符号库、各类自动化设计表单等内容。

② 注意事项：专业 CBB 通常需要结合所选计算机辅助设计平台的功能特点，进行定制开发或对所选计算机辅助设计平台自带的库进行适应性修改，如有必要，甚至可以考虑对公司设计交付物标准规定中不适应数字化和计算机辅助设计的内容进行修订升级。

（4）共享产品：构建于上述专业 CBB 之上，包括各种共享模块和组件库。

（5）共享技术：多种产品或产品线中共有的关键技术，多以技术报告的形式呈现，源自技术预研规划和技术总结归纳。

（6）共享架构：系列产品顶层共性设计部分，一般是在抽象层次上对系统建模，以系统模型的形式呈现，通常是需求工程的成果或是对产品共性的提炼。

（7）共享模板：共享模板包括研发过程中各种通用的文档报告模板，由公司研发活动的组织形式和开展方式确定。

2．CBB 规划维度

CBB 规划作为产技规划的一部分，可以从 CBB 类别和使用范围两个维度来进行规划，如表 5-1 所示。

表 5-1　CBB 规划

使用范围	类　　别		
	产品级	单位级	公司级
共享产品			

续表

使用范围	类别		
	产品级	单位级	公司级
共享技术	-- // ** ##	-- // ** ##	-- // ** ##
共享架构	-- // ** ##	-- // ** ##	-- // ** ##
共享模板		-- // ** ##	-- // ** ##
专业CBB		-- // ** ##	-- // ** ##

注：----已有/已定型；//—正在开发中；**—需维护升级；##—规划开发。

产品级：是指产品线可复用的产品（模块/组件等）、技术和架构。

单位级：是指两类及以上产品线可复用的产品（模块/组件等）、技术、架构、模板和专业CBB。

公司级：可跨中航电测各分（子）公司、事业部复用的产品（模块/组件等）、技术、架构、模板和专业CBB。

5.2.2 CBB的开发

CBB规划确定之后，可以进入CBB的开发阶段，拟定开发计划，明确开发内容和交付物，规划开发周期，指定负责人。

1. CBB开发交付物

CBB开发交付物的标准应予以明确，包括CBB的名称、使用情景、调用方式、测试验证方法和使用说明等。

2．CBB 开发周期

单项 CBB 的开发任务和交付物应能在较短的周期内完成并投入使用，从而获得及时的反馈，这样有助于维持 CBB 开发者和使用者对这项工作的热情。

3．CBB 开发负责人

（1）专业 CBB 开发负责人要有高的专业素质，能够熟练运用专业基础知识，对本专业相关计算机辅助设计工具运行机制要有深刻的理解，能熟练应用和解读本专业领域涉及交付物的标准和规范。

（2）共享产品、技术和架构。CBB 的构建负责人选需要熟知产品/产品线的特点，并对该产品设计中所涉及的各类开发活动有深入理解，熟知相关模块/组件的接口、技术参数与性能。

4．CBB 开发计划

在综合考虑上述内容之后，形成如表 5-2 所示的 CBB 开发计划表。

表 5-2　CBB 开发计划表

序号	类别	名称	说明	输出文件	完成日期	负责人
1	公司级	GB 材料库	设计模型材料库	Inventor 库文件 PPT 说明文档	×××	×××
2		……	……	……	……	……
3	单位级	24V 数字量输入/输出电路	共享模块	电路原理图文件 模块库文件 Word 说明文档	×××	×××
4		……	……	……	……	……
5	产品级	动态 DWS 系统 PLC 控制程序架构	共享架构	控制程序文件 Word 说明文档	×××	×××
6		……	……	……	……	……

5.2.3 CBB 的使用

经开发验证的 CBB 只有被大量使用才能发挥价值，不同类别的 CBB 在具体使用方式上是有区别的。

1．专业 CBB

专业 CBB 应与相应专业计算机辅助设计软件的使用方式相契合，以便于相应专业的工程师在设计过程中调用，具备访问和使用专业 CBB 数据库权限的人员范围较大，不宜过度限制使用权限，以方便使用者调用为宜。专业 CBB 的复用率高，对本专业所有工程师都是有益的，应着重激励专业 CBB 的创建者，这类 CBB 一旦创建，不论后续产品线如何变化，都会一直发挥作用。

2．共享产品/技术/架构

这类 CBB 使用范围多局限于一个或几个产品线，其生命周期和这类产品的市场生存周期相同，相较于专业 CBB 其发挥价值的时间要短，在产品市场生存周期内被复用的次数越多，价值越大，因此应着重激励这类 CBB 的调用者（复用这个 CBB 的工程师），为便于控制使用权限、统计复用率和激励使用者，应有信息化管理系统予以支持。

3．共享模板

应制定相应的管理制度，规范共享模板的使用与执行。

4．CBB 的管理

为规范 CBB 的使用，应建立 CBB 的目录（见表 5-3），并建立相对规范的使用流程，制定增量激励的制度，运用数字化平台对 CBB 实施管理（详见 5.4 节内容）。

第 5 章 CBB 建设

表 5-3 CBB 目录

序号	属　性						
1	名称	从动滚筒固定座	种类	通用件	贡献者	王××	TL-001-02+从动滚筒固定座.dwg
	内容简介	从动滚筒固定座主要用来支撑从动滚筒，适用于直径为 84mm 的从动滚筒					
2	名称	电机调节挡块	种类	通用件	贡献者	周××	TL-001-17+电机调节挡块.dwg
	内容简介	电机调节挡块主要用来通过调节电机的位置对同步带进行张紧，适用于 8040 铝型材的秤台					

5.2.4 CBB 的维护

（1）不管规划和开发过程有多周密，随着产品和业务的发展，创建后的 CBB 都可能需要进行维护更新，修订、增补和下架相关内容。

（2）在此过程中要慎重考虑维护更新后的 CBB 对更新之前 CBB 的兼容性，特别是被大量使用的 CBB，以避免给后续产品的生产、售后和销售带来不必要的麻烦。

（3）CBB 变更后应及时通知具有使用权限的所有人员变更的内容以及带来的影响、后续使用应注意的事项等。

5.2.5 CBB 的监控

为了提高 CBB 的质量和复用率，并使 CBB 数据库的规模保持在可控范围内，需要监控 CBB 在产品设计和技术研发过程中的使用，及时发现并处理可能存在的问题，捕获 CBB 的新需求，不断完善 CBB 数据库。

为保证 CBB 在产品设计和技术研发过程中的规范使用，需要将 CBB 库的使用嵌入到产品研发的各个流程中，以实现监控，如图 5-4 所示。

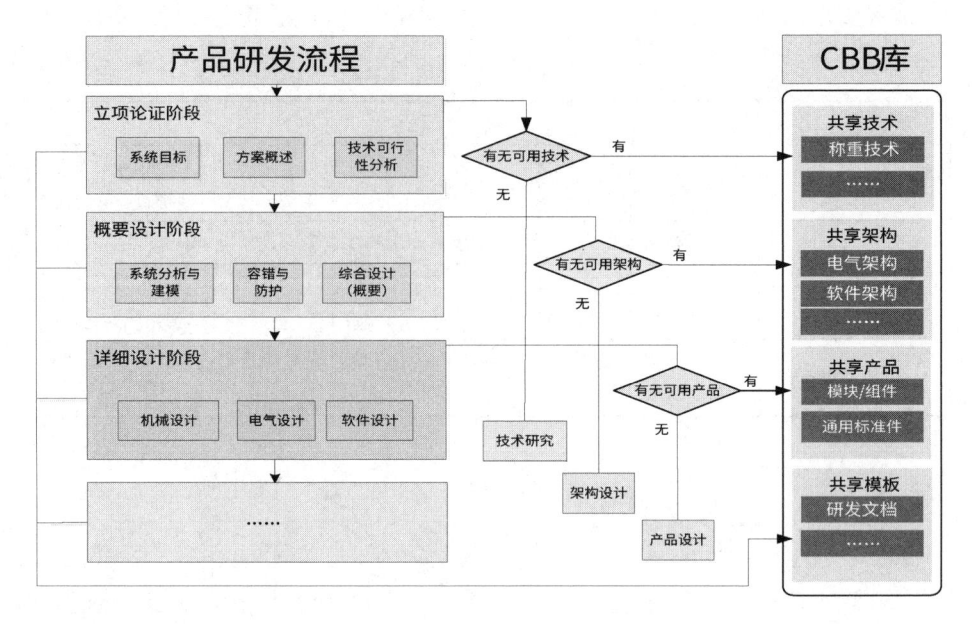

图 5-4　CBB 与研发流程

5.3　CBB 构建案例

以中航电测智能装备 CBB 建设为例，近年来陆续建设了专业 CBB、共享产品、共享技术、共享架构、共享模板，为提升快递物流行业 DWS 物流分选设备的开发效率起到了很好的支撑作用，多数产品研发时间缩短了一半以上，且质量稳定性得到很大提高。下面简要介绍专业 CBB 和共享产品的构建和应用情况。

1. 专业 CBB 构建与应用

基于产品特点和业务发展方向，构建适用的专业 CBB，如图 5-5 所示。专业 CBB 库提高了产品的建模、绘图、编制 BOM 表的效率。以构建的铝型材库为例，介绍专业 CBB 库在产品研发过程中发挥的作用。

（1）未构建专业 CBB 库之前：采用传统的自底向上的设计方法，首先绘制零件草图，然后进行零件设计，最后装配和绘图。这样设计的缺点是零部件之间没有数据联系和位置关系，修改时需要逐个修改，效率低且容易出错。

	模型库类型	适用范围	数据库/文件格式	规模
标准件	机械标准件	结构设计	GB-修改.idcl	紧固件474族、轴用零件41族
	电气图形符号	电气原理图设计	.dwg	3000+
通用件	型材	结构设计	GB-修改.idcl	型钢7族、铝型材57族
	导线电缆	三维布线设计	Cable&HarnessZEMICLibrary.iwl	300KB+
	参数化图形符号	电气原理图设计	ace_plc.mdb	60MB+
	机械外购件	结构设计	.ipt/.iam	8个大类
	常用电器元件	三维布线设计	.ipt/.iam	7个大类
	电气元件目录数据库	电气原理图设计	ZEMIC_cat.mdb	700MB+

图 5-5　专业 CBB 构建情况

（2）构建专业 CBB 库之后：采用自顶向下的设计方法，此方法的优点是可以准确快速地传递设计意图，简化装配关系，且可以快速地进行修改。视觉框架的设计要求如图 5-6 所示，根据设计要求，利用建好的型材库可以快速地进行视觉框架设计。视觉框架设计步骤如图 5-7 所示，首先绘制视觉框架的骨架草图，然后调用型材库为骨架线附着型材，最后调用合适的铝型材配件完成各型材间的连接设计。当客户视觉方案要求发生变化时，只需简单地修改三维草图，就可以满足客户新的需求。

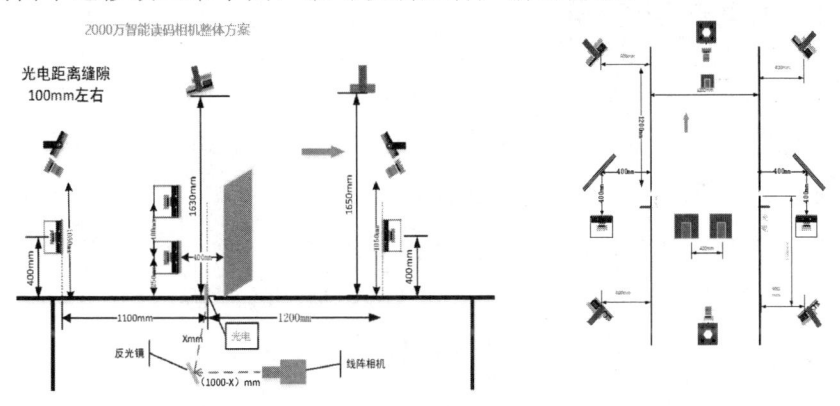

图 5-6　视觉框架设计要求

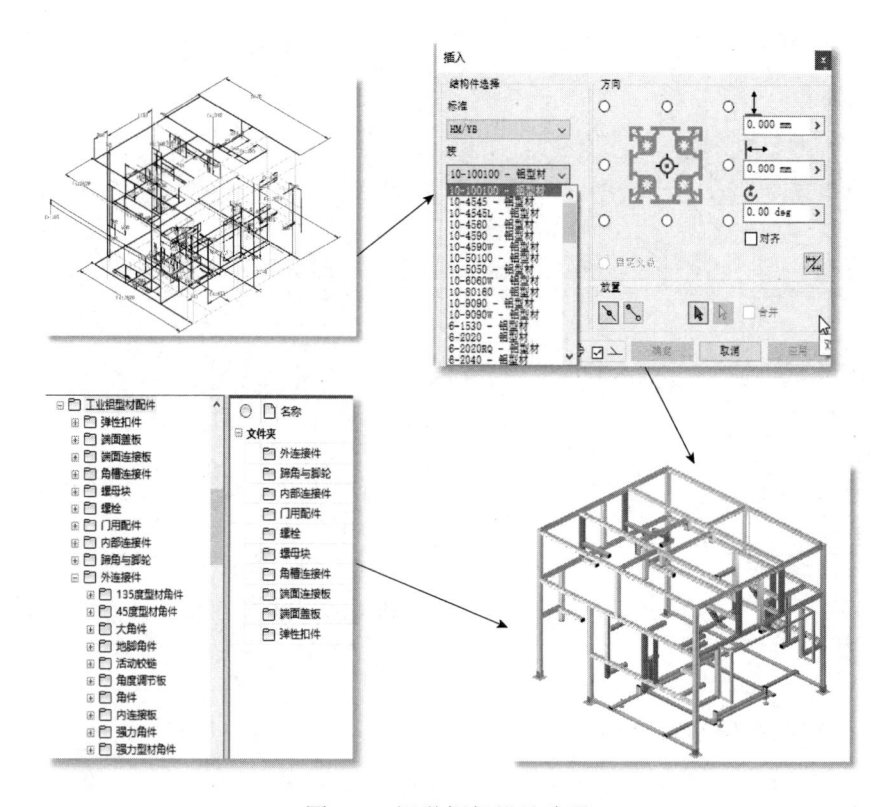

图 5-7　视觉框架设计步骤

（3）型材库构建的益处：改变了以往根据草图计算型材规格数量及附件清单，使型材及配件的 BOM 清单自动生成，有效地提高产品设计效率。

2．共享产品构建与应用

对 DWS 产品各部分的组成特点进行归纳分析，构建 DWS 共享产品 CBB 库，主要分为通用器件、通用组件、通用模块、通用整机和通用系统（见图 5-8），实现产品的模块化组装。

借用合适的计算机辅助设计工具快速地实现 CBB 库的复用，或者在已有 CBB 库的基础上快速衍生出符合不同客户需求的产品，使整个项目团队的工作效率得到很大提升，如图 5-9 所示。

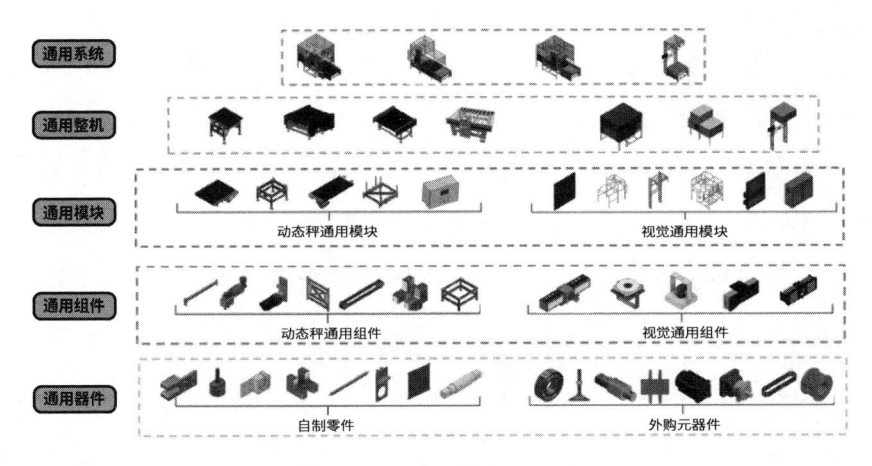

图 5-8　DWS 产品 CBB 库

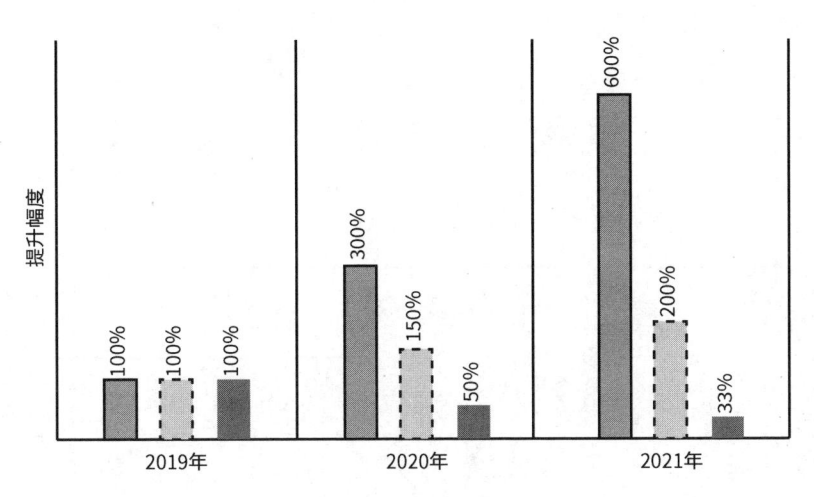

图 5-9　效率提升对比

3．CBB 构建与应用的效益

共享产品 CBB 库的构建不仅表现在效率提升方面，同时对产品研发、生产制造、采购、售后服务等都可以带来很大的收益。

（1）对产品研发来说，可以缩短产品研发周期和上市时间，减少产品研发层次之间的相互依赖，降低产品研发的复杂性，节约开发资源，提升产品质量。

（2）对生产制造来说，可以降低库存和制造成本，减少不合格品，提高制造效率，提升交付能力。

（3）对采购部门，大部分元器件可以批量采购，提高议价能力，降低采购成本，提升采购效率，采用标准零部件，可减少零部件规格数量。

（4）对售后服务部门，可以有效地降低售后服务成本。

5.4 CBB 数字化管理

CBB 的管理需要信息化系统来实现。在 ZOS.KE 知识工程模块中，CBB 作为知识贡献的一类内容进行管理（见图 5-10），具备入库管理、状态管理、权限管理、维护管理和查询统计功能。下面从一般研发人员的视角对 CBB 的数字化管理进行简要介绍。

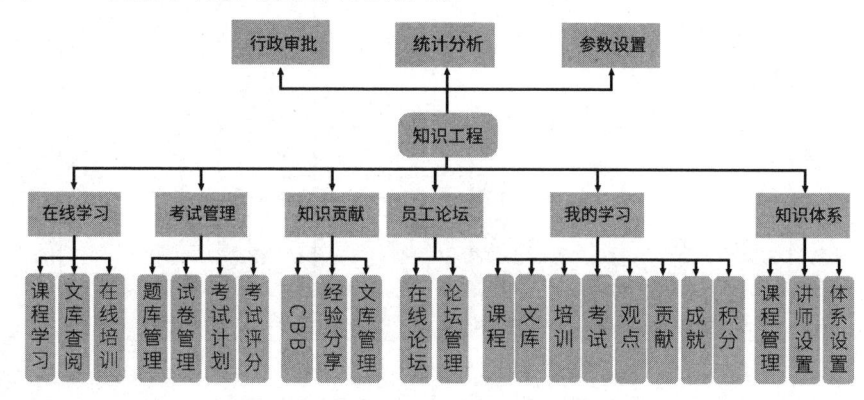

图 5-10 ZOS.KE 知识工程模块功能

图 5-11 ZOS.KE 知识工程——CBB 管理

在 ZOS.KE 知识工程模块中，CBB 管理为研发工程师提供了三个页面入口，如图 5-11 所示。进入"CBB 库"页面，可以对公司 CBB 进行查询，可在页面上部设置 CBB 贡献者、库类别、库级别、

CBB 名称等过滤条件进行快速查询。符合过滤条件的内容出现在页面下部的表格内（见图 5-12），找到符合要求的 CBB 后可以提出使用申请（见图 5-13）。

图 5-12　ZOS.KE 知识工程——CBB 库

图 5-13　ZOS.KE 知识工程——CBB 使用申请

打造数字化研发流水线

在"我的CBB"页面中可以查看"我申请的"和"我贡献的"CBB的相关信息，在"我申请的"页面中可以查看我申请并获得使用权限的CBB（见图5-14）。在"我贡献的"页面中可以查看我创建的CBB（见图5-15），通过"申请详情"页面可以新增我贡献的CBB，上传CBB交付物和CBB的使用说明书（见图5-16）。

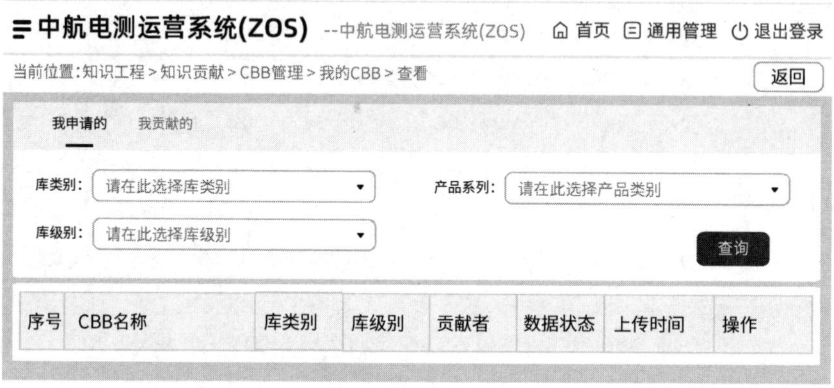

图5-14 ZOS.KE知识工程——我申请的CBB

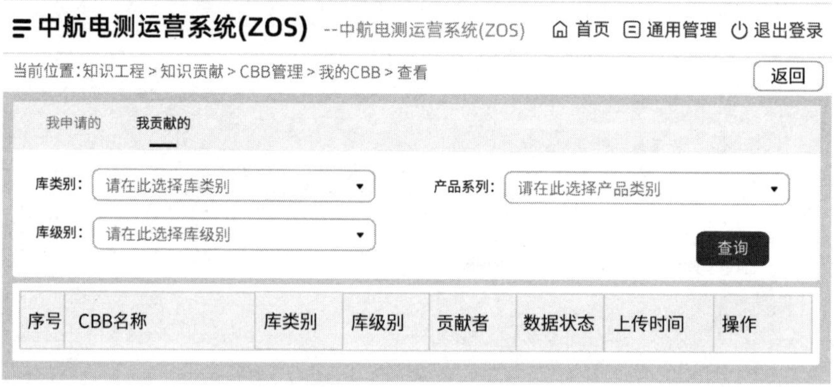

图5-15 ZOS.KE知识工程——我贡献的CBB

在"统计分析"页面中可对各类CBB的数量、下载引用情况进行统计分析，监控CBB库的使用情况（见图5-17），并作为激励的依据。

图 5-16 ZOS.KE 知识工程——新增 CBB

图 5-17 ZOS.KE 知识工程——统计分析

打造数字化研发流水线

为保障 CBB 库的有效管理，需要规范 CBB 库操作权限、CBB 使用审批流程、CBB 贡献审批流程、CBB 维护审批流程，如图 5-18～图 5-21 所示。

功能	CBB公司级管理员		CBB部门级管理员		其他员工	
	公司级CBB	部门级CBB	公司级CBB	部门级CBB	公司级CBB	部门级CBB
贡献	√	√	√	√	√	√
申请	√	√	√	√	√	√
更新	√			√		
下架	√			√		
下载	√			√		

图 5-18　ZOS.KE 知识工程——CBB 库操作权限

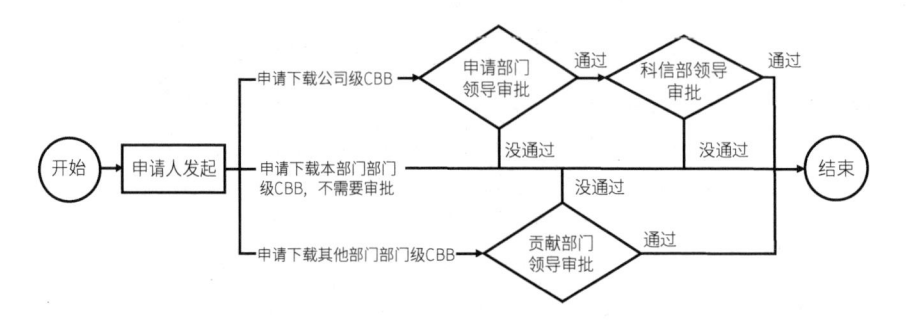

图 5-19　ZOS.KE 知识工程——CBB 使用审批流程

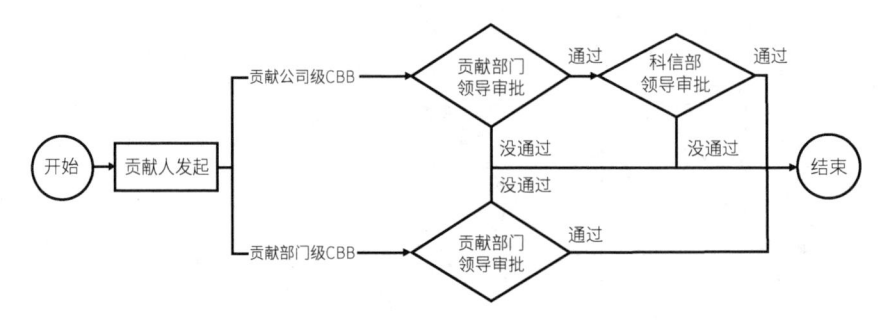

图 5-20　ZOS.KE 知识工程——CBB 贡献审批流程

第 5 章 CBB 建设

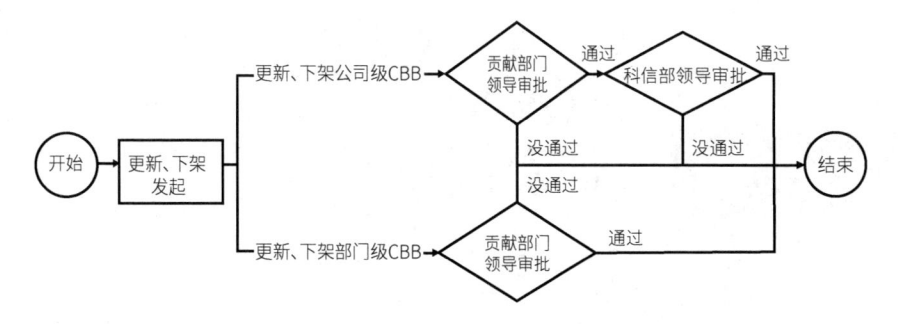

图 5-21 ZOS.KE 知识工程——CBB 维护审批流程

第 6 章 研发团队建设

6.1 逻辑为基、能力为本

如何建立系统化的人才培养体系，形成人才培养的核心能力，如何让企业员工快速掌握所需要的知识，实现能力的提升，这些是企业在人才发展过程中迫切需要解决的问题。

研发问题的核心仍然是人的能力，本章会探讨如何围绕知识资源的整合，依靠信息化技术，建立系统化的人才培养体系，形成人才培养的核心能力，进而建立共享和持续学习的组织氛围，打造学习型组织。

建立学习型组织，以员工不断提升的能力作为企业发展的生命线与动力源泉，鼓励员工积极参与企业内部管理与各项科研、经营活动，锻炼员工的创造力、创新思维及应变能力，从而有效改善企业内部工作氛围与文化环境，促进企业软实力的整体提升，实现人才效益的最大化。

6.1.1 能力提升途径

员工成长是紧紧围绕企业的发展战略展开的，人才需要培训、引导和教育。

1. 霍尔模型

依据霍尔模型，员工能力可分为知识维、逻辑维和时间维，如图 6-1 所示。

第6章 研发团队建设

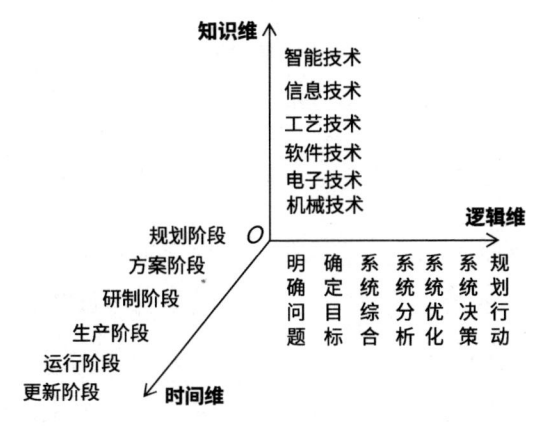

图 6-1 霍尔模型

（1）知识维

知识维是目前学生在学校学习的重点，是对各类知识的理解与运用。

（2）逻辑维

走上工作岗位后，为何难以较好地做到学以致用呢？这主要是缺乏做事的思路和方法，缺少逻辑维训练导致的。普遍的做法是依赖工作实践中师傅"传帮带"及依靠自身的能力去"悟道"，因而成长缓慢。

（3）时间维

有了做事的方法还需要执行，执行力体现在沿着时间维的管控能力与效果上。项目管理、PDCA 循环便是计划执行的管理工具。

2．认识事物的能力

通常情况下，认识事物分为三个层面：

（1）信息层面：事物是怎样的？都有什么事物？

（2）逻辑层面：为什么是这样的？是什么原因导致的？要素间的关系怎样？

（3）假设层面：逻辑思考的起点是什么？

一般人员，认知事物仅在信息层面，无法深入到逻辑层面和假设层面，类似于只看见冰山露出水面的部分，而无法看清水下的部分。

针对此类问题，中航电测构建了逻辑思维训练课程体系，按照点状思维→线状思维→面状思维→立体/多维思维→系统思维的能力进阶路径进行训练，以期透过现象看本质。

3. 逻辑为基提能力

为了进一步提高企业核心竞争力，企业对员工的培养显得尤为重要，尤其是系统性地开展培训工作，让员工的能力不断得到提升，为企业创新和发展提供人才保障和智力支持。

同时，需要不断地优化和完善知识体系，为员工提供持续学习和成长的驱动力，逐渐形成学习"自驱动"。

逻辑思维能力的提升，也促进了员工学习能力的提升，有助于提升时间维、知识维的能力水平，如图 6-2 所示。

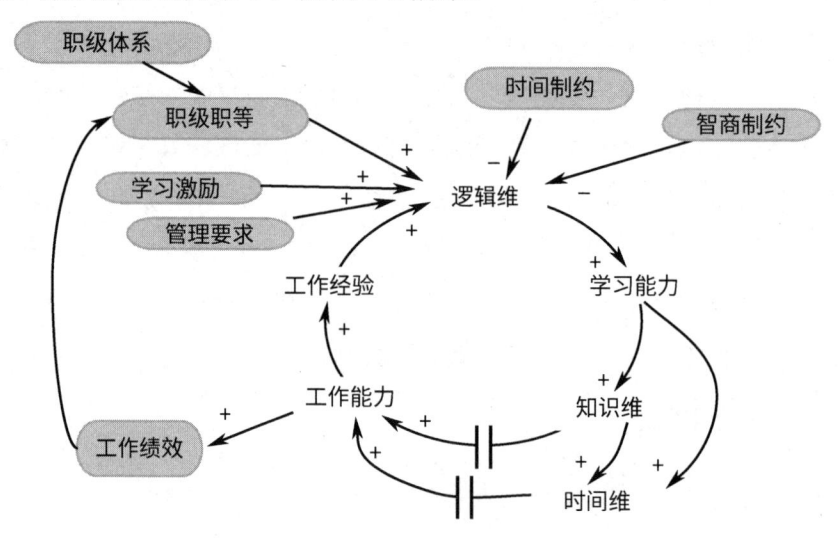

图 6-2 员工培养与能力提升回路图

6.1.2 培训需求框架

如图 6-3 所示，我们来分析一下各类人员的培训需求。

（1）公共基础：一般来说，对于新入职的员工，了解企业的情况、规章制度以及业务背景知识是基础。

第6章 研发团队建设

发展方向规划与培训需求——以管理与技术为例，其他方向可参照

```
管理方向              关注市场           技术方向
 企业领导力            竞争动态          项目专项知识
 团队竞争能力          技术动态          业务背景知识
 团队管理能力          政策动态          专业技术能力
```

管理体系
各业务域相关管理流程、制度、方法、工具、记录等

通用能力
逻辑思维、项目管理、质量/缺陷/风险模型、能力模型、拓展技术视野、复盘

公共基础
了解企业、规章制度、业务背景知识

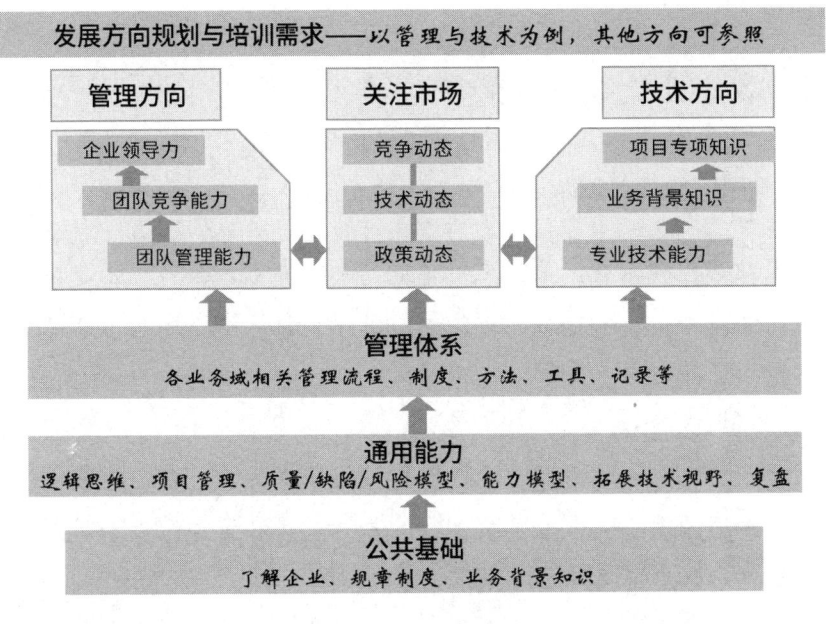

图6-3 培训需求框架

（2）通用能力：通过逻辑思维和项目管理等培训来提升逻辑维、时间维能力；通过构建质量/缺陷/风险模型并加以训练，提升员工做事的质量；通过能力模型的学习，让员工认识自己；通过拓展技术视野课程的学习，扩展知识面，提升系统解决问题的能力；通过复盘训练，培养自我提升的意识与能力。

（3）管理体系：是工作的遵循与保障，每个业务域均应建立管理体系并被大家熟知与执行。

（4）技术方向：各业务域均有知识维的要求，以技术研发为例，需要机、电、软等专业知识；熟悉所从事业务范围的业务背景知识；精通在研项目的专项知识。其他业务域类同。

（5）管理方向：从事管理岗位的干部，需要有团队管理能力、竞争能力，高层次的干部应具备企业领导力。

（6）关注市场：企业的工作是服务于客户与市场，企业员工同样需要关注市场。

6.1.3 研发人员分类培训需求

1. 新员工入职培训

从企业的角度来看,新员工是企业的新鲜血液,新员工入职培训是其从学生转变成为员工的过程,也是员工从个体快速融入组织或团队并成为团队骨干人员的过程。

(1) 培训内容

对于新员工的入职培训,主要以知识维培训为主,旨在让新员工熟悉企业文化和适应组织环境,了解企业的基础业务和管理知识,明确自身角色定位,规划职业生涯发展,不断发挥自己的才能,从而推动企业的发展。

新员工的培训主要分为综合类知识和专业类知识。综合类知识以企业战略文化、规章制度、产品与技术发展、逻辑思维基础训练等内容为主;专业类知识按员工的角色分类(如机械类、电子类、软件类等),开展专业知识、技能、工具和方法、设计、试验、仿真等培训。

以中航电测为例,自 2017 年开始,针对新入职员工开展为期 15 周的入职培训,主要以培训和实际操作为主,具体培训内容主要包括:

① 公共基础:企业文化、规章制度、业务背景知识等。

② 通用能力:逻辑思维(初级)训练、质量模型与管控基础、能力评价与学习成长、拓展技术视野等。

③ 管理体系:研发管理体系建设、企业标准化管理、公共技术平台等。

④ 技术方向:专业技术能力、业务背景知识、项目专项知识(初级)、专业实训等。

(2) 培训效果评估

新入职员工经过集中培训后,为了检验培训效果,需针对性地开展效果评估,可结合员工职级职等的评定和月度、年度的考核结果予以评估,是新员工顺利迈入职业发展通道的良好开端,如图 6-4 所示。

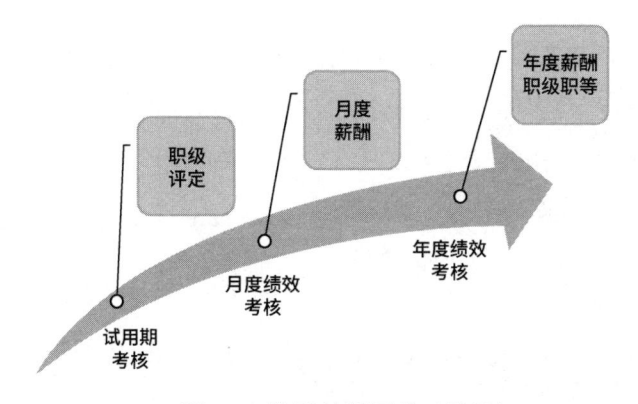

图 6-4 培训效果评估（示例）

（3）制订提升计划

通过绩效管理，坚持业绩导向，结合测评工具和方法，分析和评价新员工的绩效与问题，帮助其找出差距根源、问题背景，指出改善提升方向，制订改进提升计划，帮助新员工成长。

2．在职员工培训

在职员工注重中长期的培养和培训相结合，专项培训作为中长期培养的理论基础，结合个人发展计划（IDP），由组织为员工赋能。工程技术、管理和营销系列员工，除了日常培训，仍需要以在职的方式进行中长期的持续培养。

（1）培养需求

通过年度绩效考核、能力测评等途径，结合职级职等的动态调整，了解员工在能力方面存在的差距，以此作为培养需求的来源，并确定培养方向，针对性地消除在职员工能力短板。

（2）培养重点

在职员工培养和训练的重点是逻辑维，通过强化逻辑维的训练，提升员工的学习能力，带动知识维和时间维的训练，经过一段时间的历练，将学到的内容转化为工作能力，进而达到工作绩效的提升。

（3）培养内容与评估

在职研发系列员工的培养主要包含逻辑思维、项目管理（含研发质量控制)、风险/质量/缺陷模型、拓展技术视野、复盘课程及研发体系课程学习、基本管理能力训练,技能类知识培训由各经营单位自行训练。

对在职员工培养效果进行评估,一方面在培养结束后进行考核,另一方面需要结合持续跟踪情况,考核培养的内容在实际工作中的效果,以及在目标实现过程中发挥的作用。

6.2 知识工程建设与应用

6.2.1 知识工程顶层框架

(1)知识获取、表达与应用

因人才断层现象而导致知识断层现象越来越严重,在工作过程中为了使员工岗位知识的输出得到有效的保存和积累,形成组织资产,我们从知识获取、知识表达和知识应用三个层面来建立知识工程体系(见图6-5),打造开放、共享的组织文化,让知识和经验得以创新和传承。

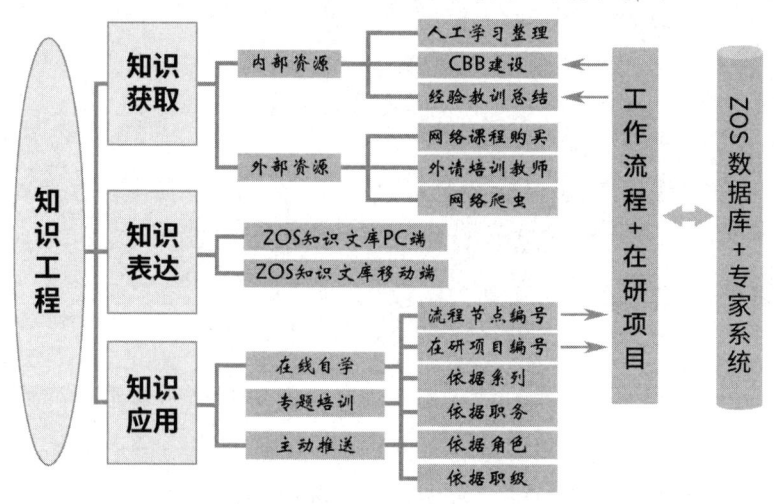

图6-5 知识工程框架示意图

第6章 研发团队建设

（2）知识推送

当今，知识获取的渠道越来越多，企业员工已不再满足于传统的知识管理系统，新一代知识交流平台、知识智能化已成为一种新的需求。通过信息化手段，不仅能够有效地获取知识，同时也能通过文件与在研项目或工作流程的关联，将知识智能推送给相关使用者，加快知识转化，提高工作效率。

思考：有必要进一步在存储知识的文件中提取知识要点，做精准化的知识点推送吗？

我们认为是没有必要的，知识的学习需要同上下文结合才好理解，把知识过分碎片化并不利于理解，且有可能导致断章取义。

（3）逻辑维与时间维

逻辑维与时间维的培训材料本身也是一种知识，它存储于知识库，需要经过大脑吸收并转换为思维与执行力。

6.2.2 知识文库建设

基于知识工程顶层架构，结合 ZOS 数字化模块的整体应用，以及公司的具体情况，搭建了以知识文库、师资建设、培训制度和培训管理为主线的体系框架。其中，知识文库是核心，是师资建设、培训制度和培训管理的基础。

结合各类人员的培训需求，从企业的公共基础、通用能力、企业管理、专业知识、项目专项、市场信息、分享平台、公共基础模块（CBB）和考试题库等方面，搭建了基于信息化平台的知识文库框架，支持在线学习、考试等，如图 6-6 所示。

依据知识文库的内容框架，结合实际情况，设计所需要的培训课程，也可通过购置课程，丰富知识文库内容。为了规范管理各类课程，我们对列入知识文库的课程进行了 8 位编码管理。

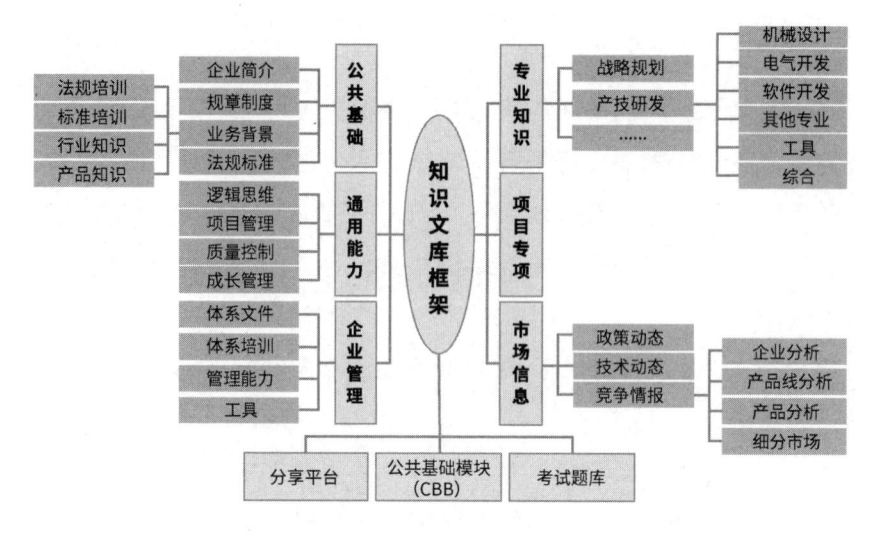

图 6-6　知识文库框架

6.2.3　课程匹配与应用

经过培训师开发或购置的课程，根据不同的培训对象，需要进行课程匹配，以达到如下目的。

（1）构建分层分类培训与学习体系

知识体系中的课程按照专业、内容进行分类；分层则体现在培训对象的岗位/角色、职级不同，岗位要求随之不同，应知应会的内容也不同。

（2）根据课程选择培训对象

不同的课程对应不同的业务流程，可根据业务流程选择培训对象，以此实现课程与培训对象的匹配，如图 6-7 所示。

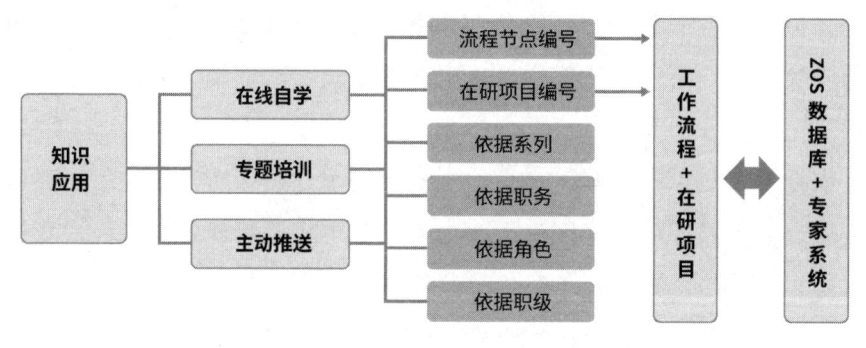

图 6-7　课程匹配示意图

（3）下阶段目标

随着培训体系的不断完善和 ZOS 数字化系统的不断升级，未来的课程匹配将向以下方向发展：

① 与工作流程关联，提供主动推送服务。

② 与在研项目信息关联，提供知识推送服务。

③ 与 ZOS 数据库关联，获取相关工作信息。

④ 未来与 ZOS 专家决策系统关联，推进智能化应用。

6.2.4 数字化平台支持

利用数字化平台，不断补充知识文库内容，再将实际工作中积累的经验、教训等，通过归纳总结，提炼成为提升工作效率的利器，这些转化和提炼都通过信息技术手段有效地展现出来，并实现将非结构化、零散的知识集成与整合，实现知识的存储、查询、推送等功能，为建立学习型组织奠定基础。ZOS 知识工程模块功能框架如图 6-8 所示，可与人力资源模块 ZOS.HR 联合使用，可在 ZOS.HR 中制定培训计划、目标，并与职级评定联动。

图 6-8　ZOS 知识工程模块功能框架

6.3　研发核心团队能力提升

前面讲到了知识工程和培训体系，本节将着重介绍研发核心团队能力提升训练实践。中航电测能力训练进阶图如图 6-9 所示。对于管理人员，

打造数字化研发流水线

依序开办逻辑初级、逻辑中级、项目管理、企管初级、企管中级、逻辑高级、企管高级训练班；对于研发人员，在完成逻辑初级、逻辑中级、项目管理及部分企管初级课程后，向各技术领域专家方向发展，如图6-10所示，面向全体研发人员的研发管理体系培训内容这里不再展开。

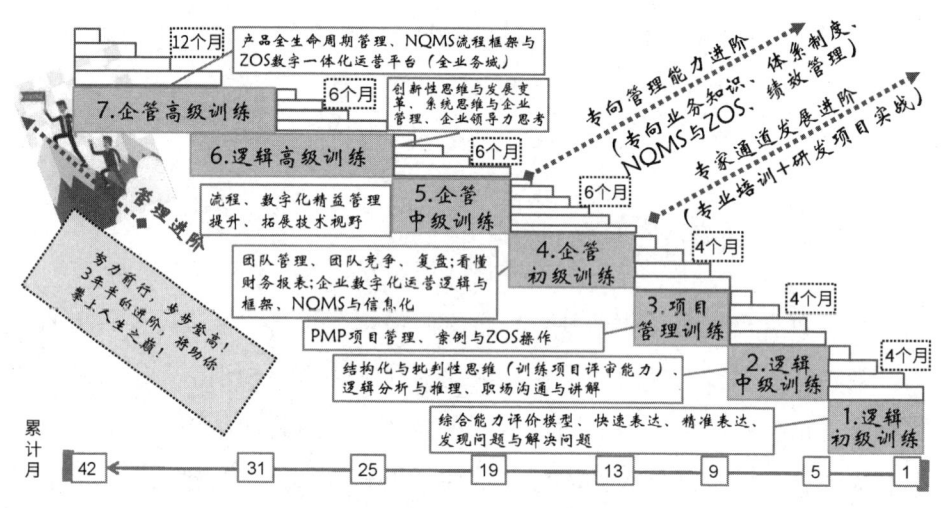

图6-9 中航电测能力训练进阶图

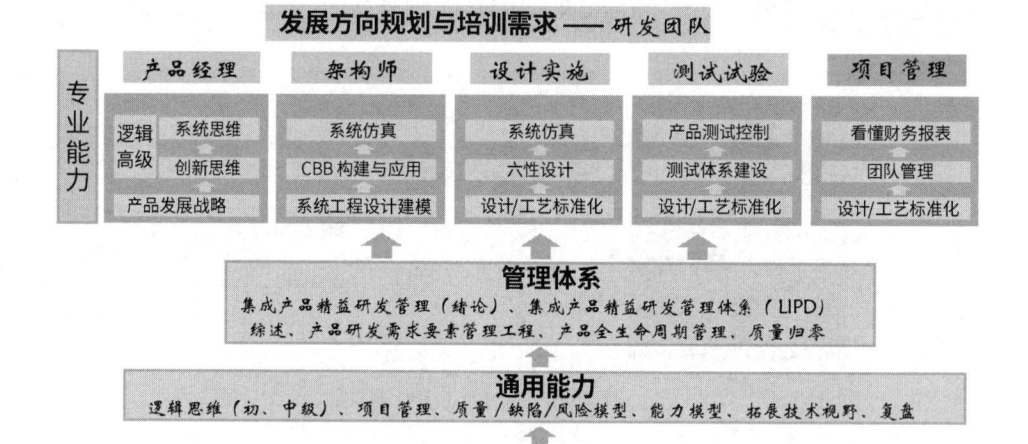

图6-10 研发核心团队能力训练

中航电测自2019年开始设立首席专家工作室，负责开展对产品经理、产品架构、产品测试、项目管理、技术评审团队的训练，以支撑研发流程各阶段的专业化研发需要；其他团队由各经营单位自行负责训练。

6.3.1 通用能力训练

1．逻辑训练

（1）逻辑初级训练

目的：训练快速、精准表达和结构化分析与解决问题的能力。

对象：全体研发部门人员。

方式：业余学习训练为主，时长4个月，每月1次。

课程：逻辑初级训练课程，如表6-1所示。

表 6-1 逻辑初级训练课程

序号	训练内容		日期
1	启动	逻辑概论	
	逻辑思维1 五步训练法：快速表达（上） 论点→结论→理由→行动	第1讲 快速表达	
		训练：金字塔原理快速表达	
2	逻辑思维2 五步训练法：精准表达（中） 连接理由和结论、MECE原则	第2讲 精准表达	
		训练：符合MECE原则的精准表达	
3	逻辑思维3 五步训练法：解决问题（下） 树状图做分析，矩形图决策	第3讲 发现问题与解决问题	
		训练1：发现问题与解决问题的PPT编写与讲解	
4		训练2：Word报告编写与讲解	

（2）逻辑中级训练

目的：训练评审、分析总结与表达能力。

对象：全体研发部门人员，要求通过逻辑初级训练。

方式：业余学习训练为主，时长4个月，每月1次。

课程：逻辑中级训练课程，如表6-2所示。

表 6-2 逻辑中级训练课程

序 号	训 练 内 容		日 期
1	逻辑思维 4 结构化与批判性思维,训练写报告及评审能力	第 4 讲 结构化与批判性思维——锻造火眼金睛	
		训练:学做评审专家	
2	逻辑思维 5 逻辑分析与推理,训练归纳、演绎、类比、分析、综合分析能力	第 5 讲 逻辑分析与推理——问题分析总结	
		训练:常见逻辑问题分类总结	
3	逻辑思维 6 职场沟通与讲解,训练沟通、汇报、讲解能力	第 6 讲 职场沟通与讲解——善于表达	
		训练 1:面向不同对象与场景的沟通、汇报、演讲	
4		训练 2:运用讲解技巧	

(3) 逻辑高级训练

目的:训练创新与系统思考能力,由"点→线→面"思考进阶到"立体/多维→系统"思考的能力。

对象:要求通过逻辑中级、项目管理训练的中层及以上干部。

方式:业余学习训练为主,时长约 6 个月,每月 1 次。

课程:逻辑高级训练课程,如表 6-3 所示。

表 6-3 逻辑高级训练课程

序 号	训 练 内 容		日 期
1	逻辑思维 7 创新性思维与发展变革,训练创新思维、管理变革与产品发展的能力	第7讲 创新性思维与发展变革——面向未来	
		训练:创新思维与案例	
2	逻辑思维 8 系统性思维与企业管理,训练复杂系统问题的分析处理能力	第 8 讲 系统性思维与企业管理	
		训练 1:基础练习学会绘制环路图	
3		训练 2:复杂思考 1——发现、分析问题	
4		训练 3:复杂思考 2——解决问题	
5		训练 4:复杂思考 3——修改完善	

续表

序 号	训练内容		日 期
6	企业领导力	课程：企业领导力思考	
		训练：发现领导力问题到解决问题案例	

2．项目管理训练

目的：训练时间维管控执行能力。

对象：通过逻辑初级训练的产品经理、项目经理、项目管理员、中层及以上干部。

方式：业余学习训练为主，时长4个月，每月1次。

课程：项目管理训练课程，如表6-4所示。

表6-4 项目管理训练课程

序 号	训练内容		日 期
1	理论学习	课程：项目管理课程（上、中、下）	
		训练：做初案	
2	练习题及理论考试	训练：做练习题、通过理论考试	
3	质量/缺陷/风险等管理要素识别与梳理训练	课程：质量/缺陷/风险模型构建、质量控制：评审与测试	
		训练：相关管理要素梳理与模型构建	
4	项目管理案例实训	训练1：改进完善案例	
		训练2：ZOS上机操作	

3．拓宽技术视野

目的：拓展知识面，便于多技术协同研发管理。

对象：产品经理、架构师、项目经理、项目管理员、测试人员、中层及以上干部。

方式：业余学习训练为主，时长2个月。

听视频课，通过理论考试，按分类划定最低通过分数。

内容：常用专业技术、传感器与信号采集处理技术、控制技术、智能化与 VR 技术、系统集成技术。

4．总结到复盘

目的：回顾总结、提炼规律、自我驱动、改进提升。
对象：全体研发人员。
方式：业余学习训练为主，时长 1 个月。
复盘步骤：回顾目标、结果比对、叙述过程、分析原因、推演规律、改进提升、复盘归档。

6.3.2 团队专业训练

1．产品经理团队

目的：训练产品经理产品发展规划制定与推动立项能力。
方式：业余学习训练为主，时长 6 个月，每月 1 次。
课程：产品经理团队训练课程，如表 6-5 所示。

表 6-5 产品经理团队训练课程

序 号	训 练 内 容	日 期
1	课程：产品发展战略规划	
	训练 1：市场分析；迭代产品发展战略规划报告	
2	课程：创新性思维与发展变革	
	训练 2：迭代产品发展战略规划报告	
3	课程：系统性思维与产品发展	
	训练 3：学习绘制系统思考回路图	
4	训练 4：系统思考产品发展机会、迭代产品发展战略规划报告	
5	课程：需求工程	
	训练 5：涉众需求分析	
6	课程：立项推动	
	训练 6：立项报告（自研新产品、定制、改进改型、技术预研）	

2．产品架构团队

目的：训练产品架构师产品架构能力，CBB 构建与应用能力。

方式：业余学习训练为主，时长 7 个月，每月 1 次。

课程：产品架构团队训练课程，如表 6-6 所示。

表 6-6　产品架构团队训练课程

序号	训练内容	日期
1	课程：产品需求工程	
	训练 1：涉众需求分析	
2	课程：CBB 构建与应用	
	训练 2：做 CBB 规划，创建一项 CBB 通过评审并上传至 ZOS 平台	
3	课程：研发质量测试控制管理	
	训练 3：参与一项产品测试过程，讲解测试过程逻辑关系	
4	课程：产品研发系统工程设计建模与实践（架构）	
	训练 4：提交一份概要设计报告，并通过评审	
5	课程：系统性思维	
	训练 5：学习绘制系统思考回路图	
6	训练 6：系统思考复杂架构层次与因果关系	
7	课程：机械运动仿真，电气仿真，软件详细设计	
	训练 7：机、电类专业建立模型，并学做仿真；软件专业提交一份详细设计报告，并通过评审	

3．产品测试团队

目的：训练产品测试工程师的测试体系建设与测试控制能力。

方式：业余学习训练为主，时长 6 个月，每月 1 次。

课程：产品测试团队训练课程，如表 6-7 所示。

表 6-7　产品测试团队训练课程

序号	训练内容	日期
1	课程：产品需求工程	
	训练 1：选择一类产品构建：质量/缺陷库	

续表

序　号	训练内容	日　期
2	训练2：①选择一类产品构建：质量/缺陷模板，建立关联关系；②选择一款产品构建：质量/要素表	
3	课程：研发质量测试控制管理	
	训练3：选择一款产品，按质量/要素表做测试控制直至收尾（可根据实际项目进展情况跟进，起止时间随项目调整）	
4	训练4：构建测试体系框架	
5	课程：标准化管理基础	
	训练5：检验/测试规范的规划；至少编制一项检验/测试规范	
6	训练6：测试结果分析、样机测试报告编写与评审（具体时间随项目调整）	

4．项目管理团队

目的：在 PMP 项目管理学习的基础上，强化训练提升项目管理经理、项目管理员的项目管理能力。

方式：业余学习训练为主，时长 6 个月，每月 1 次。

课程：研发项目管理团队训练课程，如表 6-8 所示。

表 6-8　研发项目管理团队训练课程

序　号	训练内容	日　期
1	课程：产品需求工程	
	训练1：选择一类产品构建：质量/缺陷库，或模板	
2	课程：CBB 构建与应用、WBS 分解	
	训练2：做 WBS 分解与工作量估算 CBB 规划，并至少创建一项工作量定额表	
3	课程：团队管理思维与方法	
	训练3：发现管理问题到解决问题案例	
4	课程：财务管理基础	
	训练4：看懂财务报表	
5	课程：标准化管理基础	
	训练5：选择编制或修订一项规范，或修订研发体系文件	

续表

序　号	训 练 内 容	日　　期
6	课程：总结到复盘	
	训练6：结合实际工作做复盘案例	

5．技术评审团队

目的：训练评审专家的各阶段技术评审能力。

方式：通过逻辑初级与中级训练，理解报告的逻辑结构框架，训练结构化思维；通过项目管理训练，理解项目管理思想及管控要素；逻辑中级训练课程第4讲（参见表6-2）中有训练评审能力的专项内容。

6.3.3 团队建设规划

每个团队中的个人能力需要持续提升，团队的整体组织管理能力也需要持续提升，要做好团队组织发展的规划，并分步实施，持续迭代改进，如图6-11所示。

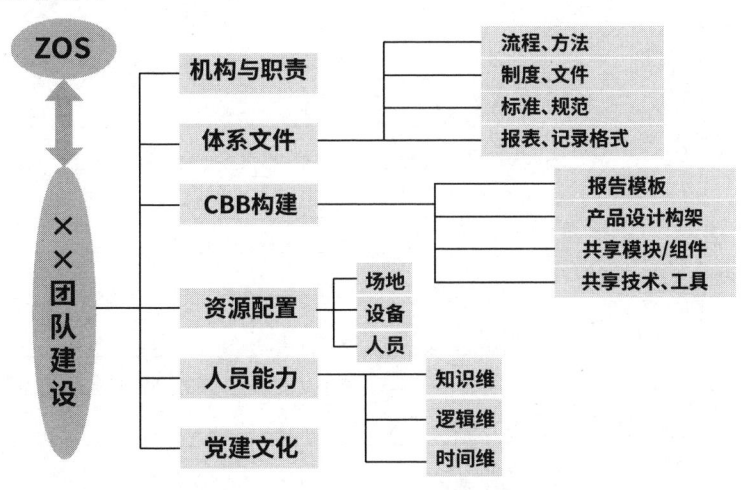

图6-11　××团队建设规划

沿着研发流程各阶段循序推进，各阶段由专业团队分工负责，便形成了流水式的研发管理；团队建设的内容，需要支撑团队的职责落地；高水平的团队才能支撑高水平的研发，支撑财务与战略的成功。

做正确的事 （规划、需求、立项） 团队：产品经理	正确地做事 （概要设计、详细设计、样机） 团队：架构、设计实施	做得是否正确 （评审、仿真、测试） 团队：评审、设计实施、测试、项目管理

在实际开展工作时，由于工作量的不均衡及衔接需要，在流水线上下游团队之间会频繁产生互动，需要有团队合作精神；上下游之间的工作需要设立成A、B角关系，以便相互支持。例如，产品经理繁忙时需要架构师帮忙，架构师忙碌时可请求产品经理或设计实施人员帮忙。

6.4 绩效管理与职级调整

企业可持续发展的根本动力是人才的发展，人才要育得出，更要留得住，如图6-12所示。

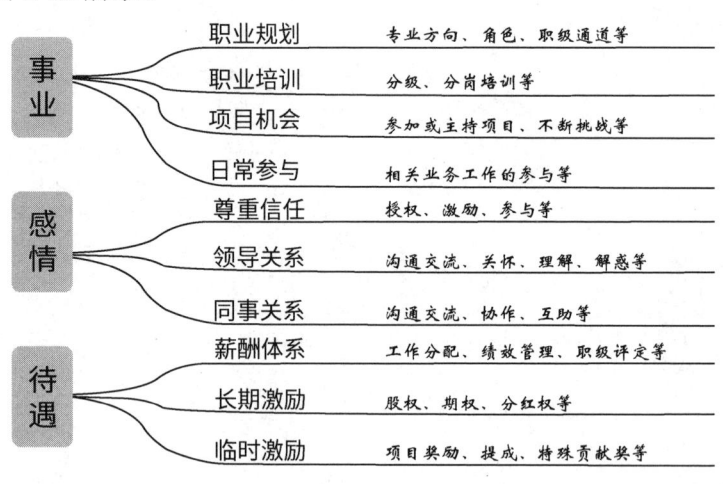

事业
- 职业规划 —— 专业方向、角色、职级通道等
- 职业培训 —— 分级、分岗培训等
- 项目机会 —— 参加或主持项目、不断挑战等
- 日常参与 —— 相关业务工作的参与等

感情
- 尊重信任 —— 授权、激励、参与等
- 领导关系 —— 沟通交流、关怀、理解、解惑等
- 同事关系 —— 沟通交流、协作、互助等

待遇
- 薪酬体系 —— 工作分配、绩效管理、职级评定等
- 长期激励 —— 股权、期权、分红权等
- 临时激励 —— 项目奖励、提成、特殊贡献奖等

图6-12 留住人才的措施

如何育人、养人、留人呢？中航电测构建了员工成长管理体系：

（1）以规划员工职业发展路径为基础，建立职级体系，打开成长通道。

（2）明确岗位/角色的能力需求，构建能力模型，开展能力评价，让员工看到自身能力的差距。

（3）为员工搭建学习平台，构建知识工程体系，并以信息化手段为支撑，开展能力训练提升工作。

（4）探索各级人员绩效管理的方法，推动职级评定与薪酬激励，促进企业员工成长。

6.4.1 绩效管理的意义

绩效管理是企业经营管理的重要组成部分，随着科技的发展和市场竞争的不断加剧，企业对绩效管理的科学化、信息化和可量化的要求也逐步提高。其科学化水平和信息化程度可直接反映绩效考核评价的科学性、合理性和公平性。

近年来，许多企业都在推行可量化的绩效考核评价体系。可量化的实质就是尽可能用具体的数据、指标反映员工工作业绩，可以客观地体现员工的工作量、工作效率、工作质量。如果绩效考核指标设置不科学、考核过程不严谨，则会导致考核结果失真，无法全面、真实地体现员工的工作业绩，员工职级职等的调整和绩效薪酬的发放均会受到影响。

可通过信息化手段和方法，对可量化的绩效考核数据进行采集、积累和分析，结合非量化指标进行绩效管理，提高绩效管理工作的水平。

6.4.2 绩效考核存在的常见问题

（1）非量化考评结果受主观因素影响

考评人对员工的某些深刻的特征印象，会冲淡或掩盖该员工其他方面的特征，这是管理学中"晕轮效应"的体现；同时，考评人可能倾向给予为公司服务年限较长、担任职务较高的员工相对较高的分数。

(2) 非量化考评评分标准有差异

如果考评的维度不清晰，打分的标准不统一，考评人的评分标准就会出现差异。

(3) 量化考评的偏差

量化考评的偏差主要来自工作分配中的工作量、难度的估算，需要不断积累经验，逐渐分类构建定额标准。在量化考核准确度较低的初期，以非量化考核为主。待量化考核可信度逐渐上升后，逐步加大量化考核权重。

6.4.3 量化绩效的原则

(1) 确定清晰的指标，指标尽可能覆盖工作过程和成果。

(2) 利用信息化手段，采集指标数据，并做到真实可靠。

(3) 考核计算方式自动快捷、简单易操作。

(4) 具有量化的管理标准。

(5) 与个人职级职等或职务的调整关联。

(6) 考核结果做趋势性分析，让员工产生前进的动力。

6.4.4 技术系统量化绩效考核体系

以工程技术类人员的考核为例，用信息化手段，构建以量化为主的考核体系，并开展考核、分析工作，如图6-13所示。

(1) 绩效考核体系模型

对不同角色（如产品经理、架构师、研发实施人员、测试人员、项目经理、项目管理员等），从不同维度或侧重点建立考核指标体系，按照日常考核、月度考核、年度考核或专项考核的方式，对其进行绩效考核，并将结果应用到职级职等或薪酬的调整。

(2) 绩效考核指标

根据绩效考核对象，确定不同的绩效指标维度，且每项绩效指标的考核权重占比也不同。例如，产品经理的考核维度主要包括综合评议、内部视角、客户视角和财务指标。

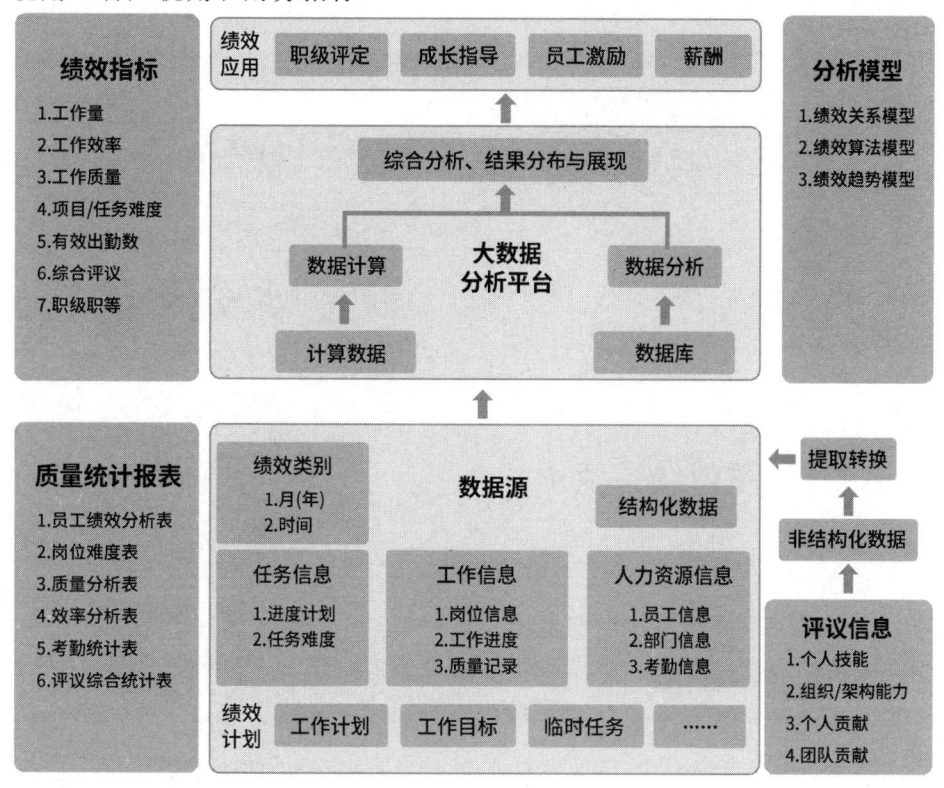

图 6-13 绩效管理模型

企业应依据不同的角色，提取合理的考核指标，构建起相应的绩效考核模型。

（3）信息化实现

绩效管理是人力资源模块 ZOS.HR 的一项功能，可根据绩效考核模型（见图 6-14），按月度或年度的考核方式，对被考核人员的绩效信息进行采集、整理、计算和分析，最终得到相对科学和有效的考核结果。

通过信息化手段，避免人为过多参与考核过程，将主观因素降至最低；同时，可对考核结果进行分析，提升绩效管理的科学性。

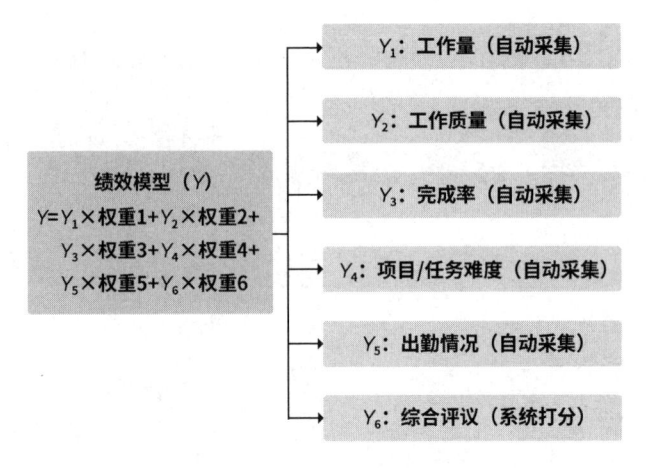

绩效模型（Y）
$Y=Y_1×权重1+Y_2×权重2+Y_3×权重3+Y_4×权重4+Y_5×权重5+Y_6×权重6$

- Y_1：工作量（自动采集）
- Y_2：工作质量（自动采集）
- Y_3：完成率（自动采集）
- Y_4：项目/任务难度（自动采集）
- Y_5：出勤情况（自动采集）
- Y_6：综合评议（系统打分）

图 6-14 绩效考核模型

6.4.5 绩效结果运用

（1）职级调整

为了更好地展现人力资源管理各个模块之间的相互联系和相互影响，将绩效考核评价结果作为员工职级职等调整的依据。

企业对员工进行绩效管理，根据员工的年度绩效考核结果进行职级职等的动态调整，主要依据员工年度个人"能力-业绩"评价结果，综合衡量同职级人员的业绩和能力，合理调整员工的职级职等。

当员工的业绩达到良好时，其绩效考核结果也可作为职务晋升或促进成长的有利因素。

（2）月度绩效发放

员工月度绩效考核结果与其月度绩效系数建立对应关系，作为发放月度绩效工资的依据。

（3）年终奖励

员工年度绩效考核结果与其年终绩效建立对应关系，作为年终绩效奖的发放依据。

第 7 章 项目管理

对于企业来说，所有的经营和管理活动，都可以被看作一个个项目，只不过这些项目有大有小，有繁有简，有长有短。引用管理大师德鲁克的话："所有的工作都是项目，所有的目标都是项目。"如果将企业中的这些项目管理好、执行好，企业是不是能够获得更好的发展呢？结论当然是肯定的。

项目管理的目的就是要确定工作目标，明确工作范围，把控进度、质量、成本等，按要求去完成项目，实现目标。

本章主要参考 PMP 项目管理理论编写，简要介绍项目管理知识、流程，并辅以研发项目管理案例，旨在为大家提供项目管理（尤其是研发项目管理）的思维、方法以及参考模板。

7.1 项目管理知识

7.1.1 项目及其特点

1. 项目

项目是为创造独特的产品、服务或成果而进行的临时性工作，是在限定的资源及时间内完成的一次性任务，具体可以是一项工程、服务、研究课题及活动等。

2. 成功项目

成功项目定义的三要素：

（1）按时完成（时间）。

（2）预算内完成（成本）。

（3）质量符合预期要求（质量）。

在明确项目范围之前，要充分考虑范围、成本和时间这三个因素的制约关系；在明确工作范围后，在成本、时间和质量等约束条件下完成范围内的工作，如图7-1所示。

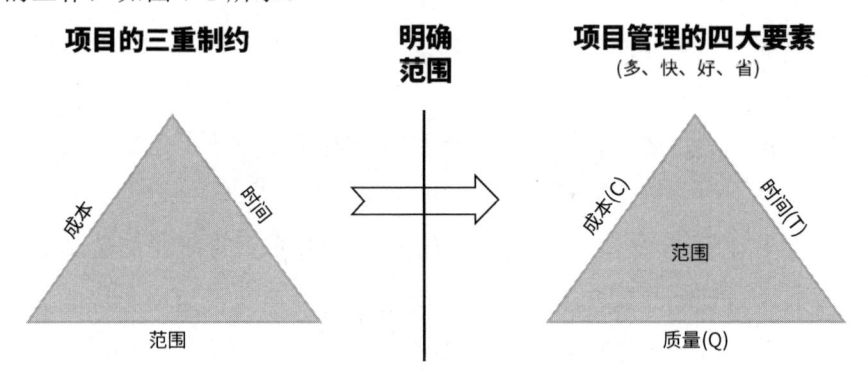

图 7-1 项目管理制约与要素

3. 项目的特点

（1）独特性

每个项目所创造的产品、服务、成果都是独特的，重复部件的存在，不影响项目的独特本质。

（2）临时性

每个项目都有确定的开始和结束，当项目目标达到时，项目也就结束了，但项目产生的产品和服务不是临时性的。

（3）渐进明细性

随着项目的持续进行，项目各要素将逐渐清晰、明确，根据信息的逐渐清晰进行滚动式规划，此处区别于范围蔓延。

4．SMART 原则

既然项目是在限定时间内的一次性任务，那么首先要确定项目所要达到的目标，该目标需要明确、量化、具体和可实现，并且要在规定时间内完成，也就是需要符合 SMART 原则。

SMART 原则：

（1）Specific：项目目标要具体化，不可以抽象模糊。

（2）Measurable：项目目标要量化和可衡量。

（3）Attainable：项目目标要可实现。

（4）Relevant：项目目标要与企业或组织的战略相关。

（5）Time-bounding：项目要在规定时间内完成。

作为企业来说，项目还需要与组织、业务、战略相关，一分战略、九分执行，有了企业的发展战略，就需要转化为一个个的项目来予以管理和实现。

7.1.2 项目管理的概念与知识领域

1．项目管理的概念

项目管理（Project Management）就是项目的管理者在有限的资源约束下，运用系统的观点、方法和理论，对项目涉及的全部工作进行有效的管理。即从项目开始到项目结束的全过程，进行计划、组织、实施、协调、控制和评价，以实现该项目的目标。

项目管理的核心是思想，在项目管理理论的指导下，按照项目管理约定的流程，利用相关工具与方法，并根据不同的项目类型构建体系与模板，开展该类项目的管理工作。项目管理逻辑金字塔图如图 7-2 所示。

图 7-2 项目管理逻辑金字塔图

2．项目管理的 10 大知识领域

（1）整合管理

为了达到项目目标而进行的识别、定义、组合、统一和协调项目管理各知识领域工作，输出符合交付成果的综合性、全局性工作要求。

（2）范围管理

为了实现项目目标，对项目工作内容进行确定，并在项目执行中进行范围控制的管理过程，包括范围的规划、确定、控制、调整等。

（3）进度管理

为确保项目按时完成的一系列管理过程，包括规划进度管理、定义活动、排列活动顺序、制定进度计划及控制进度等各项工作。

（4）成本管理

为确保项目在批准的预算内按时完工的一系列管理过程，包括规划成本管理、估算成本、制定预算和控制成本等。

（5）质量管理

为确保项目达到规定的质量要求所实施的一系列管理过程，包括质量规划、质量控制和质量保证等。

（6）资源管理

为确保所有的项目干系人能力和积极性都得到最有效发挥所实施的一系列管理措施，包括成立团队、团队建设和处理冲突等。

（7）沟通管理

为确保项目信息的合理收集和传输所实施的一系列管理措施，包括沟通规划、沟通管控、信息传输和进度报告等。

（8）风险管理

对项目可能涉及的各种不确定因素所实施的一系列管理措施，包括风险识别、风险分析、制定措施、应对和控制风险等。

（9）采购管理

为了从项目实施组织之外获得所需资源或服务所采取的一系列管理措

施，包括采购计划、采购实施等。

（10）干系人管理

对项目干系人进行识别、分析其期望和影响、制定策略、调动其参与到项目当中，通过项目干系人的管理，确保项目取得成功。

通俗来说，项目管理就是针对所要开展的项目，明确要做什么（范围管理）、什么时候做（进度管理）、用什么代价做（成本管理）、按什么要求做（质量管理）、需要什么资源（资源管理、采购管理）、这些资源如何沟通（沟通管理）等，以上管理要素如何整合实现综合最优（整合管理），有哪些风险及如何应对（风险管理），最终达到项目目标以满足需求（干系人管理）。

10大知识领域间的逻辑关系如图7-3所示。

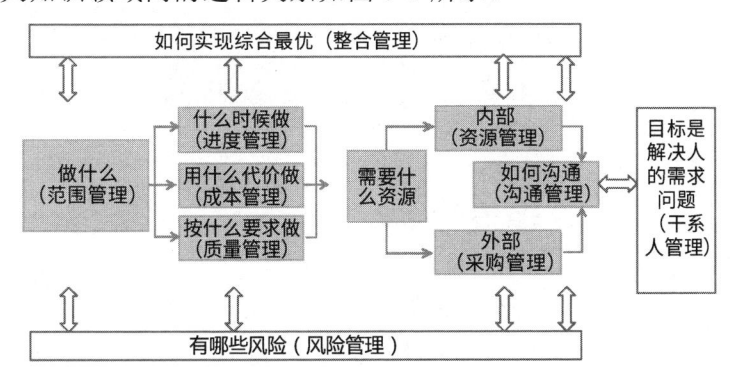

图 7-3　10大知识领域间的逻辑关系

7.1.3　项目、项目集和项目组合

前面对项目和项目管理进行了介绍，下面我们再来看看项目集、项目组合以及它们之间的关系。

项目集是一组相互关联且被协调管理的项目的集合。项目集管理是指对相互关联的项目进行统一协调管理，以实现对单个项目分别管理所无法实现的利益和控制。

项目组合是指为了实现业务战略目标，而集中放在一起以便进行有效管理的一组项目、项目集和其他工作的组合。项目组合的组成项可以被定量管理,如可以对其进行度量、排序和确定优先级。

可以看出,项目组合、项目集与项目,它们是层层分解的关系。

以中航电测华燕子公司的智能交通产业园项目组合管理为例,其项目组合、项目集和项目的关系如图7-4所示。

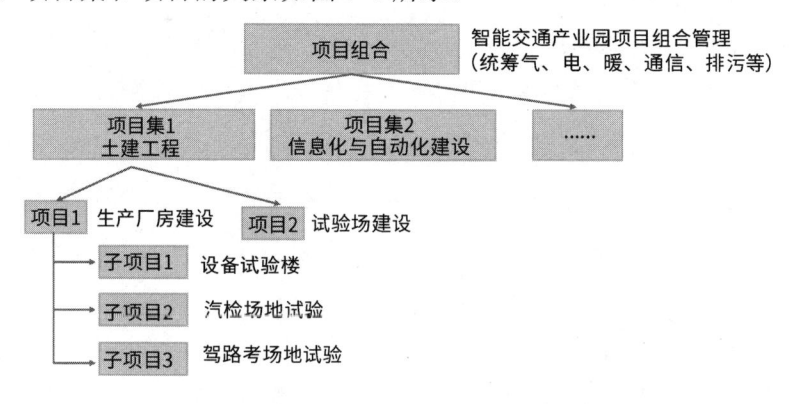

图 7-4 项目组合、项目集与项目的关系

7.1.4 项目管理流程

从时间维度来看,项目生命周期分为项目开始、组织与准备、执行项目工作、项目结束4个阶段。在整个项目生命周期中,项目管理按照项目生命周期的4个阶段,展开5大过程组、10大知识领域的相应工作,如图7-5所示。

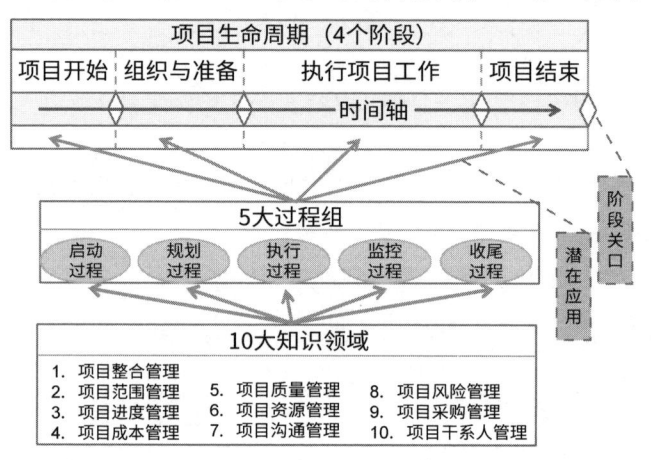

图 7-5 项目生命周期与5大过程组、10大知识领域

项目管理 5 大过程组依次为启动、规划、执行、监控和收尾。5 大过程组内又包含了 49 个节点，根据项目繁简程度、项目类型的不同，可以对节点进行剪裁优化。项目管理 5 大过程组关系图如图 7-6 所示。

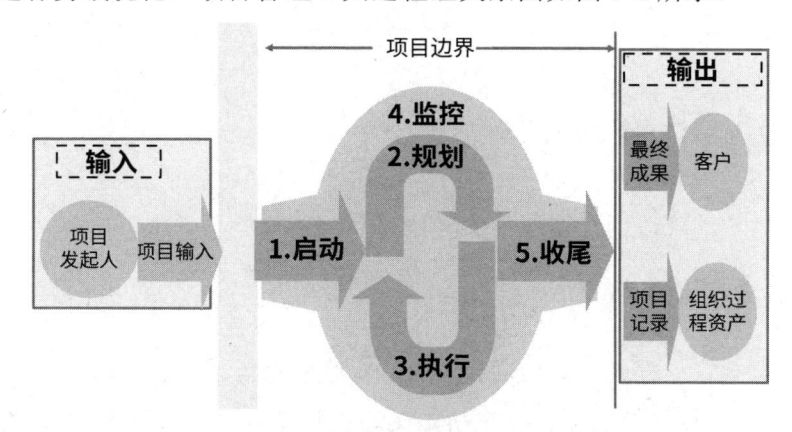

图 7-6 项目管理 5 大过程组关系图

每一个阶段的结束，以完成该阶段的所有工作内容及实现相应目标，并通过审核/评审或者测试验证等作为标志；同时启动下一阶段工作，直至项目结束。

7.2 项目启动

一个项目在启动之前要做一系列的准备。以研发项目为例，在项目启动之前，需要进行市场调研、需求分析、立项可行性分析及论证等一系列工作，当予以立项或者通过立项评审后，则正式启动该项目。这一系列工作作为项目输入，触发项目启动。

中航电测智能装备分公司的"动态 DWS 系统"是用来快速测量包裹（货物）体积、重量、条码的一套智能测量系统，广泛应用于各物流中转站。下面以该产品研发项目作为实战案例，通过对项目管理 5 大过程组和 10 大知识领域的裁剪与应用，展示项目管理的全貌。

该项目于 2019 年立项，按照公司研发体系要求推进，于 2020 年 2 月验收并正式投入市场。凭借产品优异的性能和高可靠性，该产品已成为行业内国产品牌领跑者，并与多家行业头部客户建立了良好的合作关系，产品订单量和客户覆盖范围自投入市场以来，实现了高速增长，为经营发展提供了有力支撑。

7.2.1 工作内容

项目启动阶段的工作包括制定项目章程和识别干系人。

1. 制定项目章程

制定项目章程包括提出项目目标、明确项目范围（范围管理）、提出人员及配置要求（资源管理）、进行初步风险识别及制定应对措施（风险管理）、开展经济效益分析（成本管理）、确定里程碑节点（进度管理）、明确项目经理及项目组核心成员、约定可交付成果和验收标准等。

2. 识别干系人

干系人就是与项目直接或间接相关的组织或个人，分为项目组成员和项目组以外人员。项目组成员在项目中是明确的干系人，而项目组以外的干系人往往会被忽略，从而疏于对项目组以外干系人的期望及需求的管理，导致项目不达预期，项目返工，甚至项目失败。所以，此处的识别干系人重点是要对项目组以外的干系人进行识别，对其期望和需求进行分析，制定管理策略，编制并生成《干系人登记册》，在项目生命周期的相应阶段对其进行管理，促进项目成功。

7.2.2 案例介绍

首先，中航电测营销分公司根据市场调研，以及对未来行业发展趋势进行分析后，提出了开发"动态DWS系统"产品的需求，并编制了《动态DWS系统项目建议书》《动态DWS系统市场分析报告》，提交至智能装

第 7 章　项目管理

备事业部，经过双方充分的分析、研讨和论证，认为该项目符合产品规划发展方向，市场规模可支撑经营发展。产品经理组织编制了《动态 DWS 系统立项可行性分析报告》，提交公司进行立项评审。

《动态 DWS 系统立项可行性分析报告》提出了项目的目标和范围、所需人员、资源配置以及项目开发费用等要求，并对风险和经济效益进行了分析，列出了项目的初步实施计划。

项目启动如图 7-7 所示。

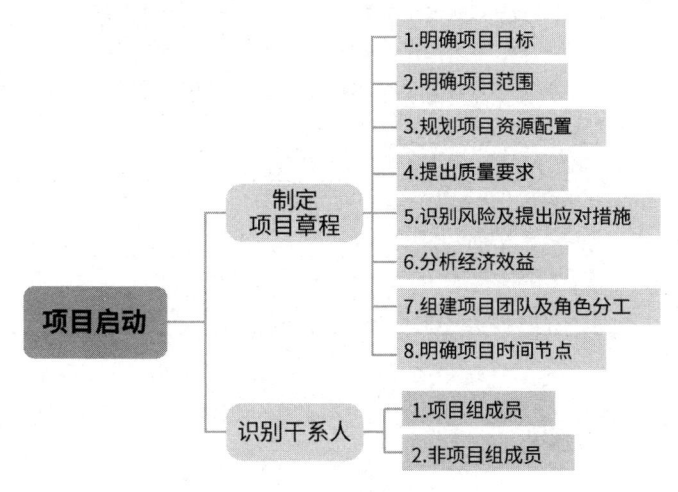

图 7-7　项目启动

《动态 DWS 系统立项可行性分析报告》经公司项目立项评审通过后，由项目经理编写《研发项目任务书》并组建了项目团队，然后召开项目启动会，项目正式启动。

项目任务书如表 7-1 所示。

表 7-1　项目任务书

项目名称	动态 DWS 系统
项目编号	XC2019-17
项目分类	影响程度：IV 技术难度：3
项目目标	研发一款集在线输送、高速扫码、称重于一体，对快递包裹的重量、体积和条码信息进行计量与检测的动态 DWS 系统（具体指标略）

续表

项目团队	产品经理：××× 项目经理：××× 项目管理员：××× 架构师：××× 产品研发人员：×××、×××、×××
进度计划	项目起止时间【2019年2月—2020年2月】 立项论证阶段一级进度计划【2019年2月—2019年3月】 概要设计阶段一级进度计划【2019年3月—2019年4月】 详细设计阶段一级进度计划【2019年5月—2019年7月】 产品实现阶段一级进度计划【2019年8月—2019年10月】 试验验证阶段一级进度计划【2019年11月—2020年1月】 试用期阶段一级进度计划【2020年2月】 项目验收及归档一级进度计划【2020年2月】
整体风险	① 技术指标不达要求； ② 零件供货周期长、质量无保障
可交付成果	① 项目可交付成果：DWS样机2台（套）； ② 工作可交付成果：项目文档、知识产权申请、组织过程资产总结

7.3 项目规划

7.3.1 工作内容

项目规划阶段的工作包括制订项目管理计划和制订项目计划。

1．制订项目管理计划

整合并生成一份综合性《项目管理计划》，明确该项目的管理策略、方法和计划，以及约束与保障条件等。

2．制订项目计划

根据《项目管理计划》，制订项目进度、质量、成本等10大知识领域的具体工作计划。

第 7 章　项目管理

当然，在项目规划的过程中，并不是所有的项目都需要按照 10 大知识领域进行计划的编制，而是要根据项目的繁简程度和类型，进行适应性的选择和剪裁，只有符合项目实际的规划，才能起到有效的管理和执行作用。

7.3.2　案例介绍

该项目通过裁剪、整合，确定了进度、成本、质量、沟通、采购、风险、干系人等项目管理要素。

项目规划如图 7-8 所示。

图 7-8　项目规划

1．项目管理计划

项目管理计划如表 7-2 所示。

表 7-2　项目管理计划

项目名称	动态 DWS 系统
范围管理	① 通过需求获取——范围确定，明确产品系统边界； ② 通过研发流程——WBS 工作分解，明确项目工作范围
进度管理	编制并确定进度计划，通过 ZOS "研发管理" 模块进行 WBS 工作计划分解、执行、监控

续表

成本管理	① 编制并确定成本计划，通过 ZOS "研发管理"模块进行各阶段成本统计、监控； ② 如超出偏差范围，则按项目阶段执行项目成本偏差分析（允许偏差范围≤5%）
质量管理	质量计划
沟通管理	沟通计划
采购管理	采购计划
干系人管理	干系人参与计划（新识别的干系人，可在原基础上迭代修改）
风险管理	风险应对计划
变更管理	提交《项目调整报告》，审批/评审通过后，按变更后的内容实施

2．项目进度计划

进度计划表如表 7-3 所示。

表 7-3 进度计划表

项目阶段	主要可交付成果	责任人	完成时间
立项论证	立项论证报告	×××	2019-3-15
概要设计	概要设计报告	×××	2019-4-30
详细设计	详细设计报告	×××	2019-7-30
产品实现	产品实现报告	×××	2019-10-30
试验验证	试验验证报告	×××	2020-1-30
试用期	用户使用报告	×××	2020-2-15
项目验收	样机及所有文档	×××	2020-2-28

3．项目成本计划

研发费用预算表如表 7-4 所示。

表 7-4 研发费用预算表

序号	成本类别		工作量（人月）	费用（万元/人月）	小计（万元）	备注
1	人员成本	产品经理	4	3	12	
		项目经理	12	2.5	30	

续表

序号	成本类别		工作量（人月）	费用（万元/人月）	小计（万元）	备注
1	人员成本	架构师	12	3	36	
		机械开发	6	2	12	
		电气开发	6	2.5	15	
		项目管理员	3	2	6	
		测试	6	1.8	10.8	
	小计				121.8	
2	材料费（万元）			17.5		
3	外协费（万元）			5.7		
4	其他费用（万元）			5		
	合计（万元）			150		

4．项目质量计划

质量计划表如表7-5所示。

表7-5 质量计划表

项目阶段	控制手段	控制内容	责任人	完成时间
立项论证	评审	立项可行性分析报告	×××	2019-3-15
		关键技术研究/验证报告	×××	
概要设计	评审	概要设计报告	×××	2019-4-30
详细设计	评审	详细设计报告	×××	2019-7-30
	仿真	详细设计	×××	
产品实现	评审	图纸、产品实现报告、测试大纲	×××	2019-10-30
试验验证	测试	产品测试报告（单元测试、集成测试、系统测试）	×××	2020-1-20
	评审	产品试验报告	×××	2020-1-30
项目验收	验收	过程文档、执行文档、样机	×××	2020-2-28

5．项目沟通计划

沟通计划表如表7-6所示。

表 7-6 沟通计划表

沟通内容	责任人	沟通时间	参与人员	相关文档	备注
项目评审会	项目经理	按阶段	评审组及项目成员	阶段报告及文档	可根据情况邀请客户参加
项目工作沟通会	项目管理员	按阶段	项目成员	无	
项目问题分析会	项目经理	按需	项目成员	无	
拜访客户或电话沟通		按需	销售经理、产品经理	无	
项目总结交流会		结项时	项目成员	形成组织过程资产	视情况可与结项评审一并召开

6．项目采购计划

采购计划表如表 7-7 所示。

表 7-7 采购计划表

序号	采购内容	采购数量	采购标准	采购到位时间	使用时间	责任人
1	××设备	××	××	2019年8月	2019年8月	×××
2	××器件	××	××	2019年8月	2019年8月	×××
……	……	……	……	……	……	……

7．项目风险应对计划

风险应对计划表如表 7-8 所示。

表 7-8 风险应对计划表

风险分类		风险识别		风险评估			风险分析	风险应对	
阶段	类型	风险要素	风险描述	发生概率	影响程度	风险指数	产生原因	应对措施	责任单位/人	应对时间
方案设计	质量风险	技术指标	技术指标不达要求	4	4	16	关键技术验证不充分	项目启动时，提前进行关键技术研究	×××	2019-2-15—2019-3-15
产品实现	采购风险	元器件采购	供货周期长、质量无保障	3	4	12	唯一供应商	寻找、就近开发备选供应商	×××	2019-4-30—2019-8-30

第 7 章　项目管理

8．项目干系人参与计划

项目组成员参与计划已在进度计划中明确，此处为非项目组成员干系人参与计划，如表 7-9 所示。

表 7-9　非项目组成员干系人参与计划表

序号	姓名	部门	项目角色	参与阶段	参与内容	方法	预计时间
1	×××	×××	客户	全程参与	调研并确认客户需求	拜访、邀请参加评审	项目全周期
2	×××	×××	用户	立项论证	确认需求及功能	现场沟通	2018 年 11 月—2019 年 3 月
……	……	……	……	……	……	……	……

7.4　项目执行

7.4.1　工作内容

项目执行阶段的工作包括管理与推进项目工作、管理项目知识、管理质量、获取资源、建设团队、管理团队、管理沟通、实施风险应对、实施采购、管理干系人参与等。简单来说，就是按照《项目管理计划》和《项目计划》开展相应阶段的工作。

7.4.2　案例介绍

该项目是根据《动态 DWS 研发项目任务书》，以及《项目管理计划》和《项目计划》的要求，按照"关键技术研究→概要设计→详细设计→产品实现/试验验证→试用期"研发过程，完成各个阶段工作。

项目执行如图 7-9 所示。

打造数字化研发流水线

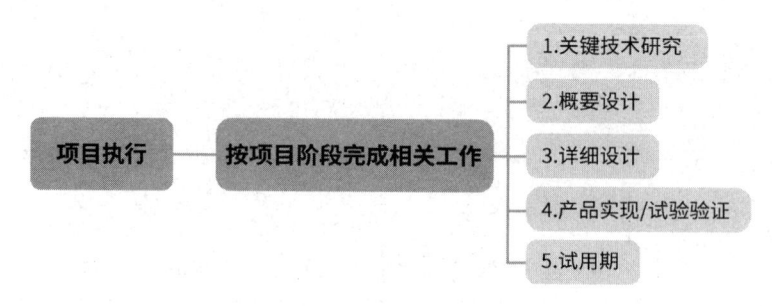

```
项目执行 → 按项目阶段完成相关工作
                          ├─ 1.关键技术研究
                          ├─ 2.概要设计
                          ├─ 3.详细设计
                          ├─ 4.产品实现/试验验证
                          └─ 5.试用期
```

图 7-9　项目执行

1. 研发过程

（1）关键技术研究

首先需要识别并完成关键技术研究，然后开展后续阶段的工作，输出《动态 DWS 系统关键技术研究报告》。

（2）概要设计

即为方案设计，输出《动态 DWS 系统概要设计总报告》。

（3）详细设计

输出《动态 DWS 系统详细设计总报告》《动态 DWS 系统详细设计-机械部分报告》《动态 DWS 系统详细设计-电气部分报告》。

（4）产品实现/试验验证

进入产品实现/试验验证阶段，依序进行产品装配、调试，输出《动态 DWS 系统产品实现报告》；并对其开展试验验证，验证其功能、性能、效率等是否达到立项目标，输出《动态 DWS 系统测试报告》。

（5）试用期

经验证及评审，项目满足立项目标，提交用户试用，进入试用期。

经用户试用并出具《用户使用报告》，对使用情况进行说明，项目组进行项目总结，编制《动态 DWS 系统项目总结报告》，对项目目标、范围、进度、成本、质量等要素进行对标总结，并对项目的过程变更情况、经验教训、下一步工作思考等进行说明。

2．过程处理

（1）过程测试

过程测试是对研发质量的逐层验证，有研发人员自测及专业测试人员测试两种，包括单元测试、集成测试、系统测试、验收测试等。

在过程测试中，测试数据、测试问题等工作记录均体现在《测试报告》当中，整改落实情况体现在整改后再次提交的《测试报告》中，形成问题整改的"闭环归零"。

（2）问题处理

研发过程中，如有需求与设计变更、项目延期申请等，应及时申报和处理。

（3）工作日志

在项目进行过程中，还应及时记录工作日志，包括工作时间、内容、主要问题及解决措施、遗留问题等。

7.5 项目监控

7.5.1 工作内容

项目监控包括范围管理、进度管理、成本管理、质量管理、沟通管理、采购管理、风险管理、干系人管理、变更申请、变更实施等。

7.5.2 案例介绍

该项目监控就是对项目从启动到收尾的所有过程进行监控，对出现的问题进行处理，并对需要变更的内容执行变更。

项目监控的主要工作是将项目的实际进展情况与项目计划进行比较，若发现某些工作或要素的偏差比较大，超出了容许的误差范围，则应及时做出分析，采取措施使项目回到正轨。

项目监控如图 7-10 所示。

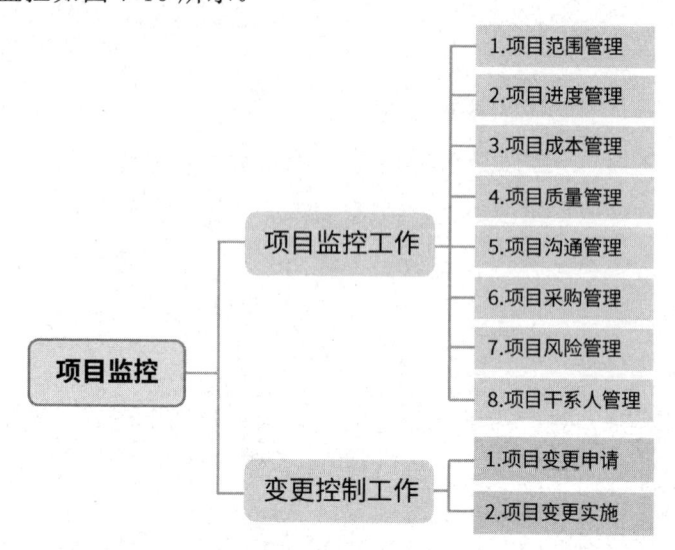

图 7-10 项目监控

动态 DWS 系统完成情况对照表如表 7-10 所示。

表 7-10 动态 DWS 系统完成情况对照表

项目名称	项目阶段	预计完成日期	实际完成日期	存在问题	问题类型
动态 DWS 系统	立项论证	2019-3-15	2019-2-26	无	无
	概要设计	2019-4-30	2019-4-30	无	无
	详细设计	2019-7-30	2019-7-30	无	无
	产品实现	2019-10-30	2019-10-30	无	无
	试验验证	2020-2-10	2020-2-10	无	无
	试用期	2020-2-28	2020-2-25	无	无
	项目验收	2019-3-15	2020-3-10	无	无

除了对上表中各阶段进度计划的完成情况进行对照监控，还需要对管理计划和子计划按规划执行的情况进行对照监控。通常项目经理在项目的组织推进中，往往都只侧重于进度计划，而对其他（如风险）计划的组织推进没有充分考虑，导致项目管理的不全面、不完整。

对照项目在规划与执行中的各项管控要素，输出项目管理计划执行情况对照表，如表 7-11 所示。

表 7-11 项目管理计划执行情况对照表

项目名称	动态 DWS 系统	沟通管理	按计划执行，并已完成
项目编号	XC2019-17	风险管理	按计划执行，并已完成
进度管理	按计划执行，并已完成	采购管理	按计划执行，并已完成
成本管理	按计划执行，并已完成	干系人管理	按计划执行，并已完成
质量管理	按计划执行，并已完成		

7.6 项目收尾

7.6.1 工作内容

完成项目所有阶段的工作，并且达到阶段及项目目标要求，项目提交验收，通过项目验收评审后，项目进入收尾阶段。

项目收尾包括项目成果输出、经验教训总结、组织过程资产更新、项目评价、项目组成员评价等，旨在对该项目进行总结和收尾，并为其他项目提供借鉴，促进项目管理提升。

7.6.2 案例介绍

项目收尾通过项目成果输出、经验教训总结、组织过程资产更新、项目评价、项目组成员评价等环节进行项目的全面总结。

项目收尾如图 7-11 所示。

图 7-11 项目收尾

打造数字化研发流水线

1. 项目成果输出

项目成果输出如表 7-12 所示。

表 7-12 项目成果输出

成果类型	成果名称	输出方式
项目文档	立项可行性分析报告	填写《文件归档清单》,文档电子版及签署完成的纸质版同时归档至档案管理部门
	关键技术研究报告	
	概要设计报告	
	详细设计报告	
	各阶段评审意见	
	图纸	
	项目总结报告	
专利	×××	已申请××、××两件发明专利
实物	样机	已交付客户使用

2. 经验教训总结

经验教训总结登记册如表 7-13 所示。

表 7-13 项目经验教训总结登记册

分类	经验描述	教训描述	提供者	提供日期
进度管理		要重视方案设计,应为概要设计阶段多预留一些时间,使设计人员能够对比多种方案,最终选出性价比高的方案	×××	2020-2-15
风险管理	必须做好市场调研、技术现状调研和社会环境调研,本项目前期对技术现状和市场环境的调研工作为项目的顺利推进打下了坚实的基础		×××	2020-3-1
采购管理	合理评估采购周期,留有提前量,并做好过程跟进		×××	2020-1-4

第7章 项目管理

3. 组织过程资产更新

组织过程资产更新如表 7-14 所示。

表 7-14 组织过程资产更新

过程资产名称	输 出 方 式
报告模板	纳入《研发管理体系文件》报告模板中，ZOS 进行同步更新
经验教训总结登记册	上传至 ZOS "知识文库"－"研发管理"经验分享中

4. 项目评价

项目评价如表 7-15 所示。

表 7-15 项目评价

考核要素			评 价 项	参 考 分 值	备	注
	进度（A）		节点延期未超过研制周期 5%	$0.8<A≤1$	项目结束节点以归档时间为准	考评占比 35%
			节点延期超过研制周期 5%～20%	$0.5<A≤0.8$		
			节点延期超过研制周期 20%～50%	$0.2<A≤0.5$		
			节点延期超过研制周期 50%以上	$A≤0.2$		
目标完成率	产品研发类	技术目标完成率（B）	目标全部完成	$0.8<B≤1$	占完成效果比例 60%	考评占比 55%
			完成主要目标	$0.6<B≤0.8$		
			主要目标未完成	$B≤0.6$		
	产品研发类	成本目标完成率（C）	成本≤目标成本	$0.9<C≤1$	占完成效果比例 40%	
			1.1×目标成本>成本>目标成本	$0.8<C≤0.9$		
			1.2×目标成本>成本>1.1×目标成本	$0.7<C≤0.8$		
			成本>1.2×目标成本	$C≤0.7$		
	技术预研类	技术目标完成率（B）	目标全部完成	$0.8<B≤1$		考评占比 55%
			完成主要目标	$0.6<B≤0.8$		
			主要目标未完成	$B≤0.6$		
	技术活动类	技术目标完成率（B）	目标全部完成	$0.8<B≤1$		
			完成主要目标	$0.6<B≤0.8$		
			主要目标未完成	$B≤0.6$		
文档质量（D）			文档质量通过质量管理员及评审考核统计得分	$0≤D≤1$		考评占比 10%

5．项目组成员评价

项目经理评价如表 7-16 所示。

表 7-16　项目经理评价

考核要素	评价项	标准分值	备注
项目经理、项目副经理考评模型			
进度管理（40分）	阶段节点延期未超过研制周期5%	40	由项目管理员统计计算，项目以归档时间为项目结项时间，延期报告审批通过也视为项目延期
	阶段节点延期超过研制周期5%～20%	30	
	阶段节点延期超过研制周期20%～50%	20	
	阶段节点延期超过研制周期50%以上	10	
质量管理（30分）	阶段文档质量	15	① 格式不符合要求，每退回一次扣1分；② 报告内容描述不清，每处扣1分；③ 二次评审扣2分，三次评审扣3分
	阶段评审质量	15	
ZOS使用情况（10分）	任务派工规范性	5	① 二级任务派工不规范扣2分；② 三、四级任务派工不规范扣1分；③ 操作不及时导致任务延期扣1分；④ ZOS派工不及时扣1分
	ZOS派工及时性	5	
项目规划（10分）	项目规划能力	10	通过项目规划阶段评审得分，无规划阶段项目以项目进度情况进行综合打分
项目组内测评（10分）	项目经理领导力、管理能力、责任感等	10	项目组内部打分，项目管理员主持，项目经理、项目副经理不参加

注：① 文档质量由质量管理员统计；
　　② ZOS使用情况由项目管理员每周统计，项目结项时公布得分；
　　③ 项目规划由项目评审员进行打分。

项目成员评价如表 7-17 所示。

表 7-17　项目成员评价

考核要素	考评结果项	分值区间	备注
项目成员考评模型			
任务进度（35分）	任务按期完成	21～35	
	任务超期完成	0～20	

第7章　项目管理

续表

项目成员考评模型			
考 核 要 素	考评结果项	分 值 区 间	备　　注
任务质量 （35分）	任务质量完成出色	26～35	
	任务质量完成无较大问题	16～25	
	任务质量完成存在较大问题	0～15	
文档质量 （10分）	文档质量完成出色	8～10	包含过程文档及执行文档
	文档质量完成无较大问题	5～7	
	文档质量完成存在较大问题	0～4	
工作态度 （10分）	工作态度积极，项目推进较为主动	6～10	
	工作态度消极，缺乏责任心	0～5	
ZOS 使用情况 （10分）	ZOS 操作及时，使用较好	6～10	以 ZOS 使用情况为准，操作不及时导致任务延期扣1分，累计得分
	ZOS 操作不及时，任务延时提交	0～5	

以上通过项目 5 大过程组（启动、规划、执行、监控、收尾）来说明各个阶段所涉及的工作，并辅以研发项目案例，展示在实际应用时的剪裁、合并及优化思想。

总结来说，项目启动就是要先明确干什么，项目规划就是计划怎么干，项目执行就是动手开干，项目监控就是监督干得怎么样，项目收尾就是总结并结束项目。

第8章　研发管理数字化

8.1　数字化协同研发管理平台

中航电测已自主建设了ZOS一体化数字运营管理平台,用于企业的全链路管理,为更好地统筹ZOS集成研发与工业设计软件互联,全面打通数字化设计、仿真、工艺、制造过程,更好地支撑异地设计制造协同模式,中航电测开启了数字化协同研发管理平台的设计与实现之路。

数字化协同研发管理平台架构如图8-1所示。

数字化协同研发管理平台分为产品生命周期管理、工业设计软件、数字孪生和构型管理等4部分。下面就其中的主要内容介绍如下。

8.1.1　产品生命周期管理

1. 产品全生命周期

数字化协同研发管理平台围绕产品的全生命周期开展相应活动。产品全生命周期可分为产品孕育阶段和产品运维阶段。

(1) 产品孕育阶段：指战略与研发阶段,又可细分为产品战略与推动立项、架构、设计实施、测试和项目收尾等5部分。

(2) 产品运维阶段：可细分为产品制造、产品交付、售后服务和退市等4部分。

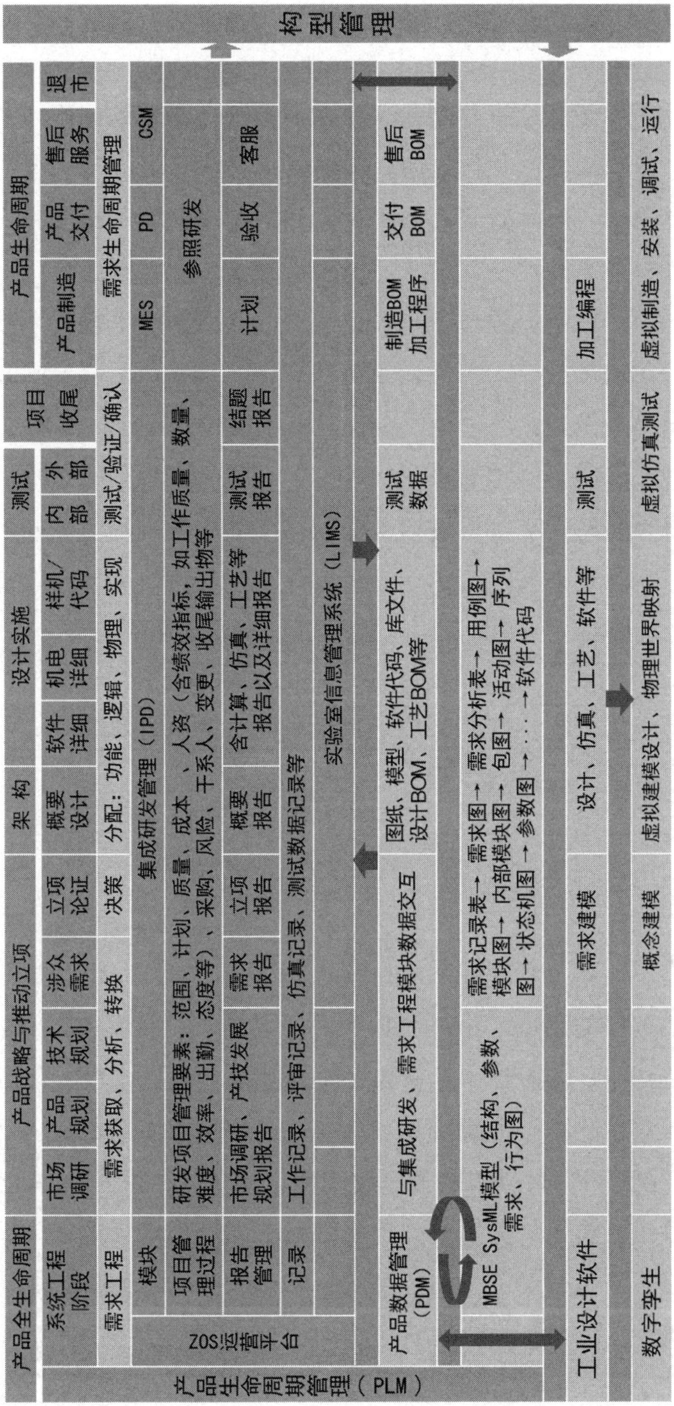

第8章 研发管理数字化

图 8-1 数字化协同研发管理平台架构

2. 系统工程阶段

从系统工程角度，可将产品全生命周期细分为市场调研、产品规划、技术规划、涉众需求、立项论证、概要设计、机电软详细设计、样机/代码实现、内部测试、外部测试、项目收尾、产品制造、产品交付、售后服务、退市等阶段。

（1）做正确的事：通过市场调研、产品规划、技术规划、涉众需求、立项论证等阶段的管控，保障做正确的事。

（2）正确地做事：通过概要设计、机电软详细设计、样机/代码实现等阶段的管控，保障正确地做事。

（3）是否做得正确：通过内部测试、外部测试等阶段，确认是否做了正确的事；同时在研发过程中，还需要通过评审与仿真来实施管控。

3. 需求工程

产品研发的过程，本质是用户需求获取、分析、转换、决策、分配、测试/验证/确认等的过程。产品生命周期运营过程，是需求的维护迭代过程。

4. ZOS 运营平台

（1）为了运用系统工程与项目管理的思想，实施对产品全生命周期中研发各阶段过程的管理，ZOS 团队开发了集成研发模块 ZOS.IPD，实现了集成研发（IPD）软件平台的一体化运营管理。在此过程中，运用项目管理的方法，对项目各阶段进行管理，实现了对过程中数据及项目的管控。

（2）产品生命周期阶段的数字化管理，由 ZOS 的集成制造、产品交付、售后服务等模块构成，分工协作，实现对产品的运营管理。

（3）对于研发设计、评审、仿真、测试、生产制造等过程中产生的大量模型数据，可使用 PDM 进行管理。PDM 工具基于模型的设计与流转，实现对数据的管控。此外，可与实验室信息管理系统（LIMS）和

ZOS.IPD 及其他相关模块实现数据交互,确保数据的一致性及使用的便捷性。

5．PDM

1）什么是 PDM

PDM 的中文含义为产品数据管理（Product Data Management），是用来管理所有与产品相关信息（包括零件信息、配置、文档、CAD 文件、结构、权限信息等）和相关过程（包括过程定义和管理）的技术。通过实施 PDM，加强对于文档、图纸、数据的高效利用，使工作流程规范化，提高研发与生产效率。

2）为什么要用 PDM

（1）现状举例

中航电测目前是一家跨地域分布的企业，为实现一个产品的研制，通常需要跨地域流转信息。鉴于军品研发要求的特殊性，以"在研军品机械图纸传递到汉中机加分厂开展制造"为例，首先，需要在西安完成产品的三维设计，转换为二维图纸进行校核，再人为将图纸带回到汉中进行会签。如果会签通过，再将图纸带回西安，由军代表进行审批。此过程顺利的话，会耗时 2~4 周，如果过程中出现问题，周期则会被拉长至 6~8 周。图纸审批通过后，会在西安进行归档和晒蓝图，再将图纸下发至汉中编制工艺，将二维图纸转换为三维模型，进行机械加工。整个过程费时费力，且容易出现版本不一致的问题。以文档为中心的数据管理过程示例如图 8-2 所示。

因此，我们迫切希望能够拥有一个具有在线审签功能的数据管理系统，将过程中所有的三维模型、二维图纸、报告等进行统一管理。此时，我们接触到了基于模型定义（MBD）的管理，旨在打通数字化设计、工艺、制造链路。

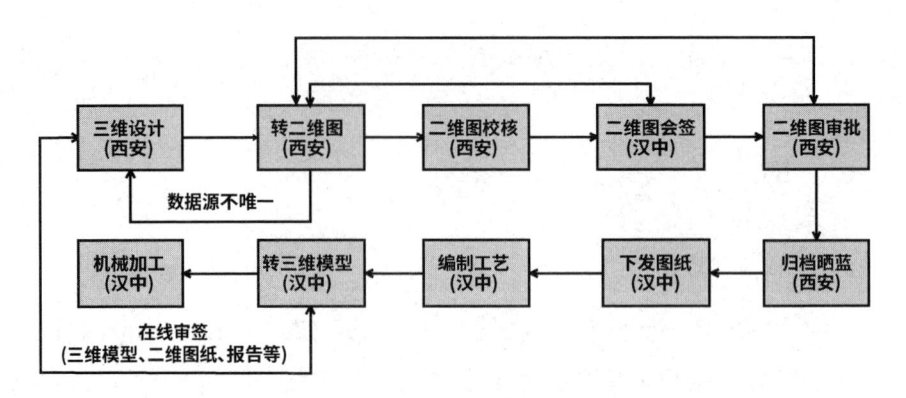

图 8-2 以文档为中心的数据管理过程示例

（2）MBD 管理

MBD 管理的基础是各类标准中的规范。二维模型标注规范涵盖设计、工艺、装配、检验等信息，是三维设计标准化的基础，其管理核心是三维模型。利用单一数据源消除三维模型与二维图纸之间的信息冲突，减少创建、存储和追踪的数据量，基于模型并行工作，提升工作效率和质量，实现从产品设计到工艺设计再到制造和装配全过程的模型流转。MBD 管理数据流转示意图如图 8-3 所示。

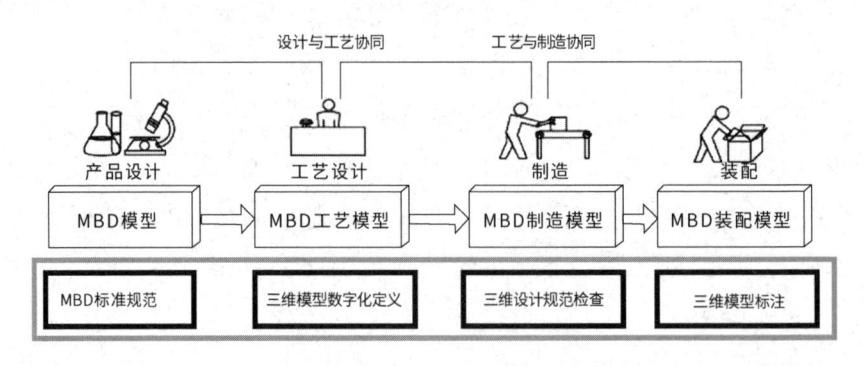

图 8-3 MBD 管理数据流转示意图

实现数据的互联互通后，需要在 PDM 中通过二维图纸、报告在线审签流程，三维模型在线审签流程。设计、工艺等更改在线审签流程，以及 EBOM（设计）、PBOM（工艺）在线审签流程等，实现对模型数据的统一管控，最终实现：

① 在产品设计方面：将基于图样的审查转变为基于三维模型的审查。

② 在工艺设计方面：实现数据来源三维化、工艺编制三维化与可视化、工序模型三维化、工艺仿真三维化、工艺结果三维化。

③ 在产品制造方面：实现车间执行三维化，操作信息的展示由现场的终端显示取代图纸，提高数字化生产比例。

④ 在质量检测方面：实现基于三维模型的检验，提高数字化检测比例。

⑤ 在上下游协同方面：实现采用基于三维模型的方式同用户、供应商交流与交互，提升协同效率。

⑥ 在标准化方面：建立数字化设计规范体系、检验标准规范体系等，实现编码标准化管理。

⑦ 在数字化档案方面：实现电子归档代替纸质归档，提升管理效率，便于数据更长期地使用、维护与保存。

8.1.2　数字孪生

1．什么是数字孪生

数字孪生是充分利用物理模型、传感器信息、运行历史数据等，集成多学科、多物理量、多尺度、多概率的仿真过程，在虚拟空间中完成映射，从而反映相对应的实体装备的全生命周期过程。数字孪生是一种超越现实的概念，可以被视为一个或多个重要的、彼此依赖的装备系统的数字映射系统。

2．数字孪生应用

基于 MBD 模型，逐步建立建模仿真平台和演示验证平台。数字孪生实现的展望如图 8-4 所示。

（1）通过服务端部署，实现在线协同设计与仿真。

（2）在演示验证平台方面，建立航空军品半物理演示验证平台和 ZOS+

数智化演示验证中心。

（3）当模型逐步趋于智能化后，就可以逐步走向数字孪生应用。

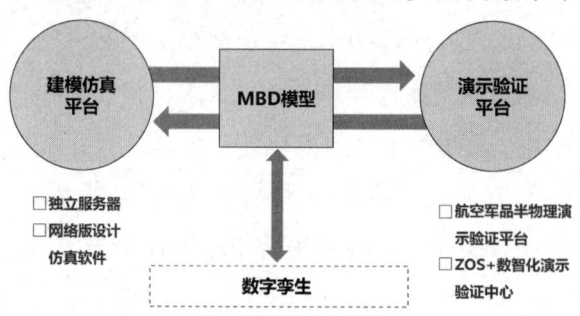

图 8-4　数字孪生实现的展望

8.1.3　构型管理

1. 什么是构型管理

构型管理（Configuration Management）是指在产品全生命周期内，为确立和维护产品功能及物理特性与产品需求、设计和使用信息之间的一致性而开展的技术和管理过程。构型管理概念如图 8-5 所示。

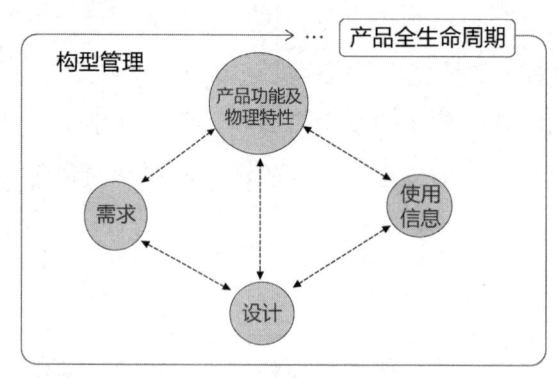

图 8-5　构型管理概念

2. 构型管理活动

构型管理是通过制订构型管理计划、构型标识、构型更改管理、构型状态纪实、构型审核等 5 大功能活动，用技术和行政的手段，建立起规范化的产品研发秩序，确保产品需求和设计目的的实现。

构型管理活动关系图如图 8-6 所示。

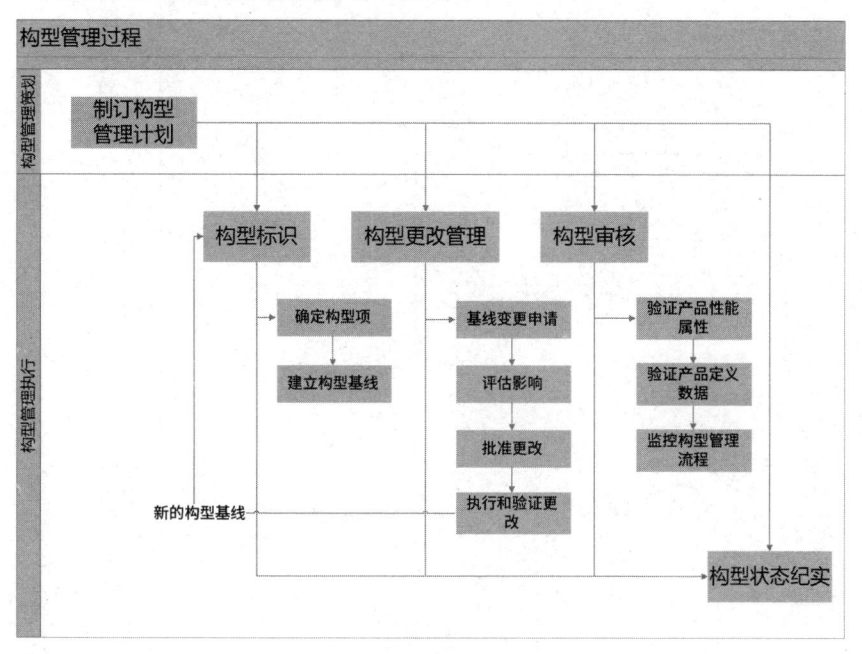

图 8-6 构型管理活动关系图

8.2 集成研发管理功能与流程

8.2.1 软件功能架构

经过不断完善，集成研发模块现已包含"产品发展→需求管理→项目管理→成果输出"的全过程管控。ZOS.IPD 软件功能架构如图 8-7 所示。

打造数字化研发流水线

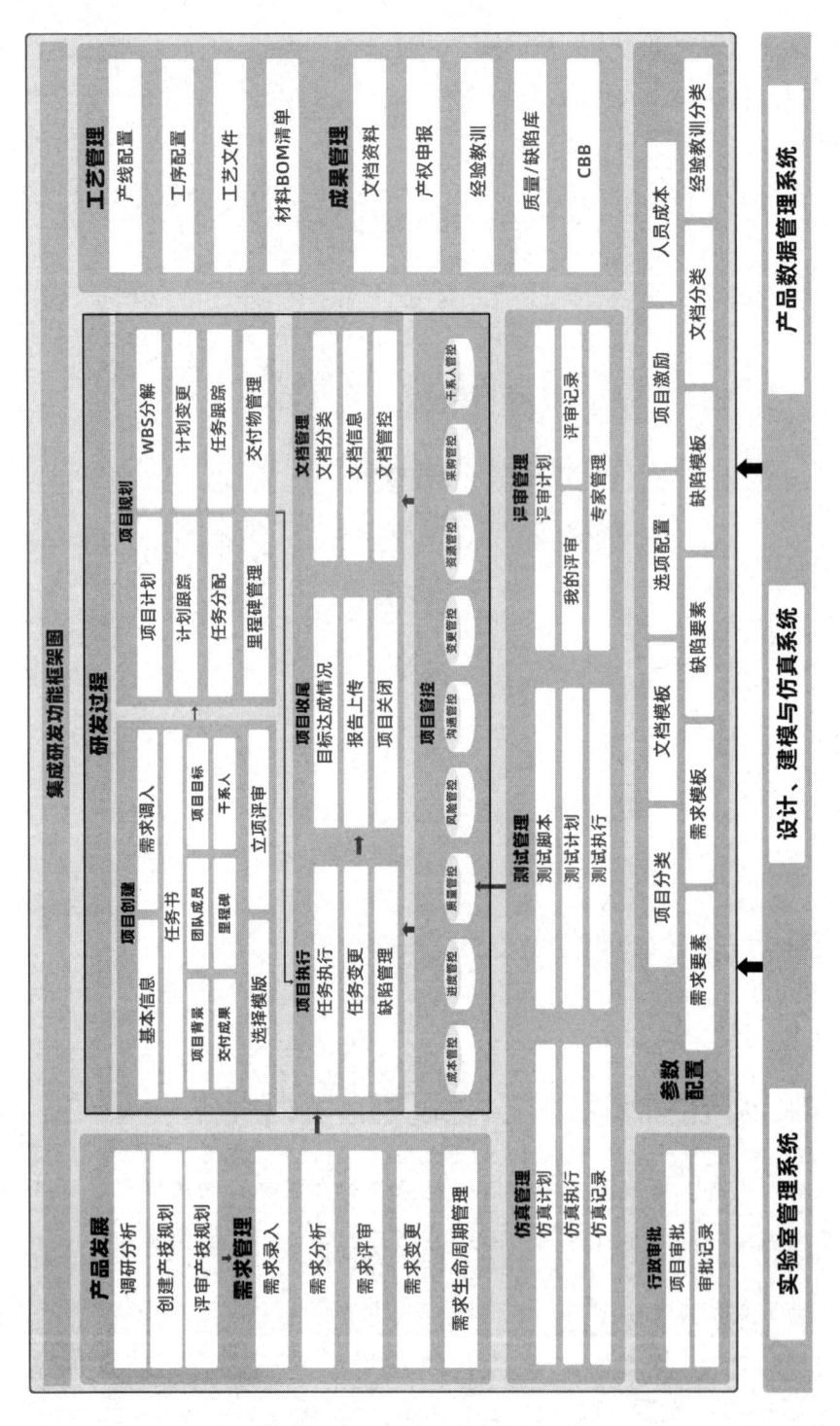

图 8-7 ZOS.IPD 软件功能架构

第8章 研发管理数字化

1．产品发展

系统支持对产技规划信息的维护与传递。通过配置不同的模板，实现对产技规划的灵活适配与管理。各单位负责梳理并维护产技规划信息，经评审后，作为后续研发需求的来源之一。

2．需求管理

实现对来自市场和产技规划等方面的需求管理。通过对需求信息的录入、分析和评审，便于对需求进行分配、实现与变更管理，作为后续项目立项的依据。

3．项目管理

研发过程采用项目管理思想，分为项目创建、项目规划、项目执行、项目管控和项目收尾等5个阶段。在管控过程中，通过仿真管理、测试管理和评审管理等手段进行质量管控。

4．成果输出

系统通过工艺管理实现项目研制成果与制造的联通；通过成果管理对项目产生的文档、产权、经验教训、CBB等信息进行维护，不断积累组织过程资产。

系统将与实验室管理系统，设计、建模与仿真系统，产品数据管理系统实现数据共享，便于数据的统一维护与利用。

8.2.2 研发流程

在第3章中我们介绍了 Zemic Multi-V 模型，为更好地实现理论与实践的结合，在软件的实现过程中，根据项目管理理念，将研发分为产技规划、需求分析、项目创建、项目计划、计划实施、流程管控、成果管理和项目结项等部分。研发流程如图8-8所示。

打造数字化研发流水线

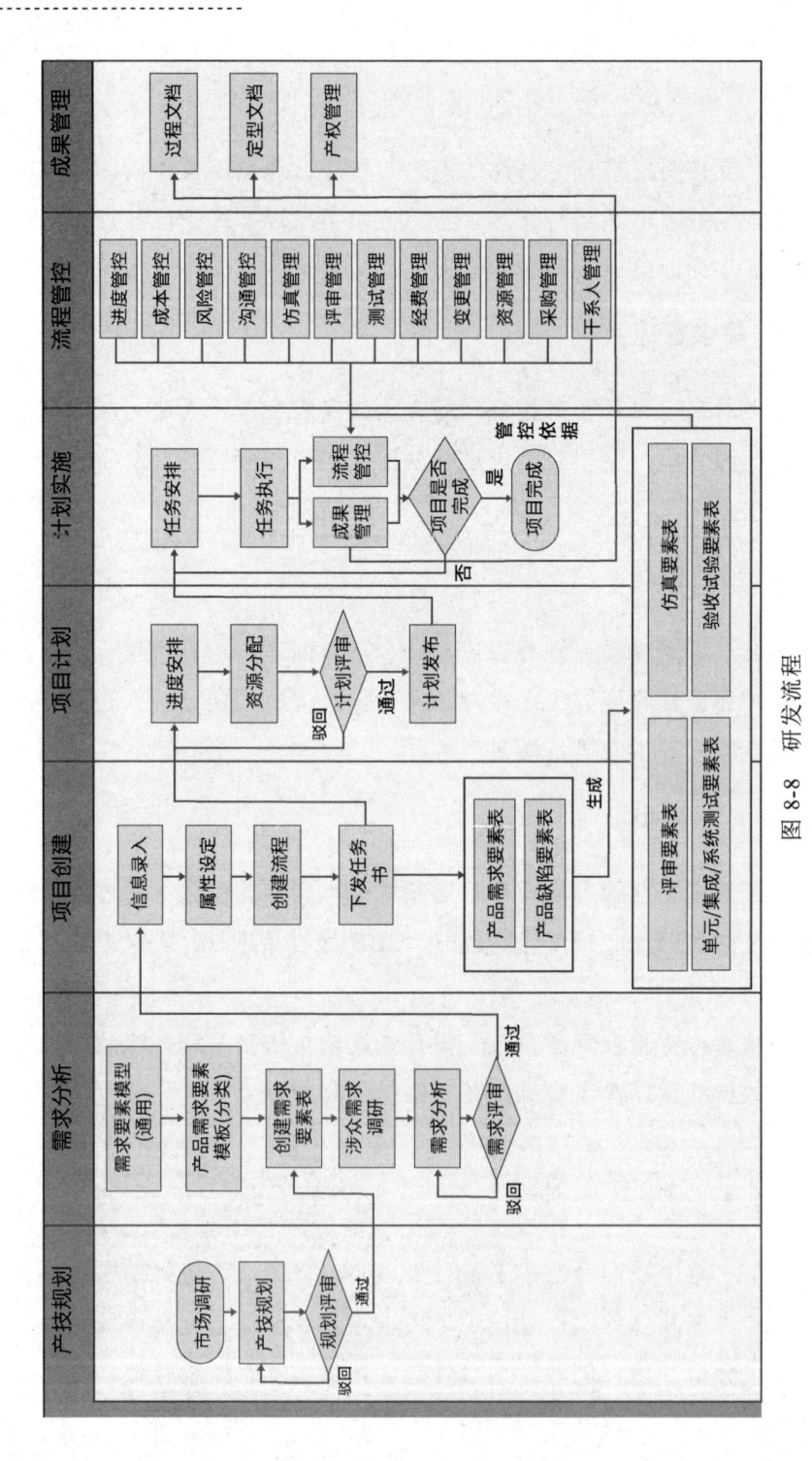

图 8-8 研发流程

172

第8章 研发管理数字化

1．产技规划

通过市场调研，完成产技规划信息录入，待产技规划评审通过后，可对相应需求进行分析。

2．需求分析

可利用已形成的需求要素模型和缺陷要素模型，创建需求要素表，在线进行涉众调研信息输入及分析。经评审后如需进行研发则进行项目创建。

3．项目创建

录入项目基础信息后，须根据项目属性设置项目阶段等信息，根据项目任务书进行项目策划，并动态调用创建各管控要素表，包括但不限于评审要素表、仿真要素表、测试要素表及验收试验要素表。

4．项目计划

在项目计划阶段，需要根据项目内容进行里程碑策划、项目进度计划等，并根据项目需要协调、分配资源，生成《项目计划》。待评审通过后，实施各项任务。

5．计划实施

在计划实施阶段，由项目经理对工作任务进行拆分及分配，由对应的责任人负责具体任务的执行。

6．流程管控

在执行过程中，项目经理及相关干系人可通过进度管控、成本管控、风险管控、沟通管控、仿真管理、评审管理、测试管理、经费管理、变更管理、资源管理、采购管理、干系人管理等对项目各方面进展情况进行监督与管控。

7. 成果管理

将执行过程中产生的文档、产权等资料通过成果管理实现固化与积累。

8. 项目结项

待项目所有任务均已完成且已实现项目目标后，可对项目进行结项，完成项目。

8.3 ZOS.IPD 软件功能示例

因信息安全方面的要求，本章节所涉及数据均为虚拟数据。

8.3.1 产技规划

每个公司的产技规划要求都不一样。系统支持模板配置功能，可以灵活配置，配置后按模板录入相应内容。

产技规划功能示例图如图 8-9 所示。

图 8-9 产技规划功能示例图

8.3.2 需求分析

需求分析主要是根据质量要素、架构要素、成本与交付要素等，通过录入相关要素的详细内容从而实现对需求的管理。

在需求通过项目实现的过程中，可将需求与项目中的任务直接绑定，并关联该任务下的缺陷等信息，便于更直接地追踪需求的实现过程。

需求分析功能示例图如图 8-10 所示。

图 8-10 需求分析功能示例图

需求要素表

质量要素表

质量要素大类	质量要素子类	要素	定性描述	定量范围 下限	定量范围 上限	单位
时间特性	时间特性	指令响应时间	--	0	30	ms
		AD采样频率	--	10	80	Hz
		载荷变化输出响应时间	--	0	500	ms
	准确性	四角误差	--	-0.02	0.02	%
		重复性误差	--	-0.02	0.02	%FS
可耐久性	容错性	指令输入防错	对于错误指令有保护和提示功能	--	--	--
		数据输入错误	具有数据输入错误保护功能	--	--	--
	耐久性	通信压力	USB通信通过通信压力试验	--	--	--
系统边界	自然环境	工作湿度	--	0	95	%rh
		工作温度	--	-45	60	℃
……	……	……	……	……	……	……

架构要素表

架构要素大类	架构要素子类	要素	定性描述	定量范围 下限	定量范围 上限	单位
上传接口	通信接口及协议	通信协议	依据某通信协议要求编制	--	--	--
		通信接口	RS485/RS422	--	--	--
……	……	……	……	……	……	……

成本与交付要素表

成本与交付要素大类	要素	定性描述	定量范围 下限	定量范围 上限	单位
成本需求	材料成本	--	XX	XX	元
	加工成本	--	XX	XX	元
	试验成本	--	XX	XX	元
……	……	……	……	……	……

缺陷要素表

缺陷要素大类	缺陷要素子类	要素	定性描述	定量范围 下限	定量范围 上限	单位
器件选型	供应能力	供应效率	供应全过程效率达到供应要求标准	XX	XX	天
		供应质量	供应产品质量达到供应要求标准	XX	XX	--
……	……	……	……	……	……	……

图 8-10 需求管理功能示例图（续）

8.3.3 项目创建

项目创建主要是对项目的基本信息进行录入，如项目目标、项目级别、紧急程度、项目需求、需求类型、团队成员、交付成果、里程碑、干系人等。根据项目内容、周期、复杂度、项目类型等信息分类创建项目流程模板。项目创建时可根据项目实际情况，实例化项目流程模板，进而实现系统柔性化地适应各种项目流程。

项目基本信息示例图如图 8-11 所示。

图 8-11 项目基本信息示例图

8.3.4 项目规划

项目创建后，进入项目规划阶段。项目经理在此阶段，需要编制项目各管理计划，包括但不限于项目进度计划、项目预算、质量管理计划、资源管理计划、沟通管理计划、风险管理计划、采购计划、干系人管理计划等。

项目规划功能示意图如图 8-12 所示。

图 8-12 项目规划功能示例图

8.3.5 项目执行

项目经理获取项目资源，组建项目团队，并根据已规划的各类计划，执行相应任务，包括但不限于项目研发任务、质量管理与保障任务、团队建设与管理任务、沟通管理任务、风险应对任务、采购管理任务等。

项目执行功能示例图如图 8-13 所示。

8.3.6 项目管控

在项目执行过程中会从多个维度对项目进行管控，包括但不限于成本管控、进度管控、质量管控（评审、仿真、测试）、风险管控、沟通管控、变更管控等，通过这些管控，尽可能使项目朝着预期的方向进行。

成本管控示例图、进度管控示例图、质量管控（测试管理）示例图分别如图 8-14、图 8-15 和图 8-16 所示。

第8章 研发管理数字化

序号	任务名称	任务编号	任务类别	开始时间	结束时间	状态
01	完成称重信号转化为数字信号	024587	设计	2022-03-01	2022-06-20	进行中
02	添加置零功能	024588	设计	2022-03-12	2022-06-20	进行中
03	完成温度采集及输出功能开发	024589	设计	2022-03-23	2022-06-17	进行中
04	可调STC线性补偿功能实现	024586	设计	2022-04-04	2022-06-16	进行中
05	多只传感器组网输出功能实现	024585	设计	2022-04-21	2022-06-14	已完成
06	数字滤波功能开发	024584	设计	2022-05-06	2022-06-12	已完成

每页10条，共6条数据信息

图 8-13 项目执行功能示例图

序号	科目	预算金额
01	研发费用	366770.00
02	人员费用	292750.00
03	试制费用	65220.00
04	材料费	52900.00
05	加工费	12320.00
06	试验费用	8800.00
07	租赁费用	8800.00

项目管控：成本管控、进度管控、质量管控、风险管控、沟通管控、变更管控

图 8-14 成本管控示例图

179

打造数字化研发流水线

图 8-15 进度管控示例图

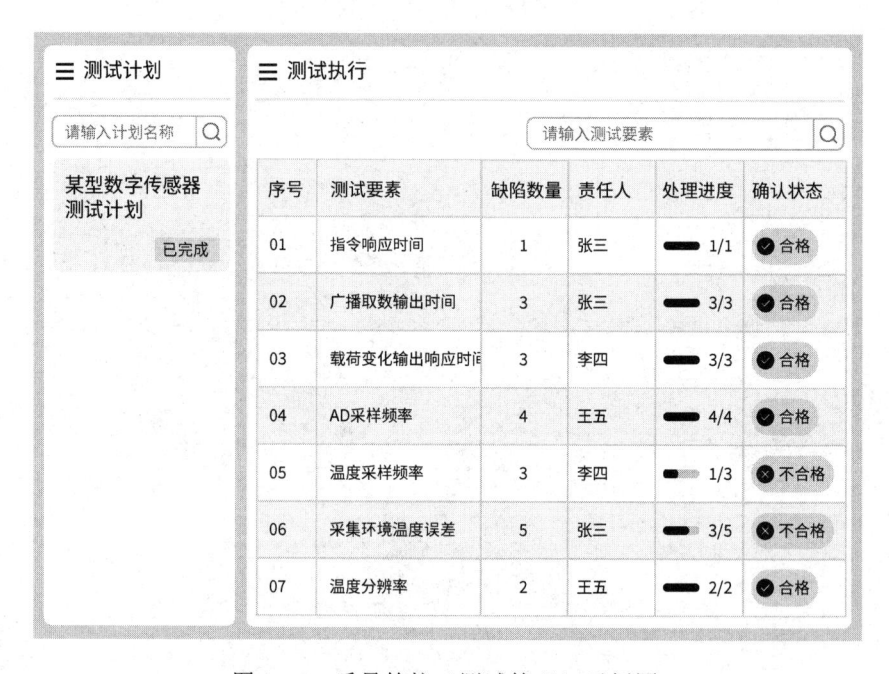

图 8-16 质量管控（测试管理）示例图

8.3.7 项目收尾

当项目中所有任务均已完成、各待交付成果均已完成交付、各待评审项均已完成评审且问题均已整改闭环、各待审批项均已完成审批、其子项目均已完成、其需求各目标均已实现时，可对项目进行结项。

项目结项示例图如图 8-17 所示。

图 8-17 项目结项示例图

8.4 多项目管理

在企业管理过程中，根据项目规模以及管理重点的不同，可分为项目组合管理、项目集管理、项目管理。

项目组合、项目集、项目之间的逻辑关系图如图 8-18 所示。

项目组合、项目集与项目的管理角度相同，管理颗粒度不同。为此，ZOS.IPD 构建了基于事件的触发管理与预警体系，其作用如下：

（1）追溯项目内部或项目间各要素之间的相互影响，分析项目集管理中常见的事件类型。

打造数字化研发流水线

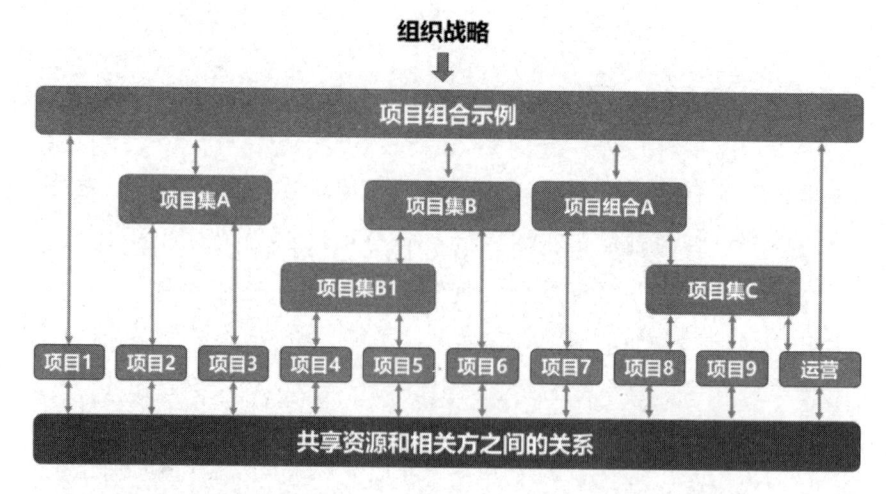

图 8-18 项目组合、项目集、项目之间的逻辑关系图

（2）通过预警体系实现当某项目内部出现某种特定事件时，可以快速确定该项目内或其他项目中受影响的部分，触发对应管理和预警机制。

多项目管理中，各子项目间有串联关系和并联关系，对于串联关系的子项目，如有一个项目延期，系统会主动推送预警信息，告知哪些子项目或任务会受到影响；而对于并联关系的子项目，可以在其项目管理中看到延期项目情况，但不会主动提醒预警。

8.4.1 项目组合管理

ZOS.IPD 系统中，项目组合管理功能示例图如图 8-19 和图 8-20 所示。

1. 范围方面

可通过对集团级项目、公司级项目和部门级项目的管控，实现对组织范围内所有项目情况的管控。例如，2022 年中航电测的项目组合由"航空智能货物装载信息系统""全电旋翼刹车系统""飞机重量重心测量系统""科力普动态 DW 系统""公共软件平台建设"等 5 个部分组成。

可通过此阶段重大重点研发项目完成率、新品研发任务完成率、目标完成情况等指标，通过柱形图、折线图等方式进行展示。

第 8 章 研发管理数字化

图 8-19 项目组合管理功能示例图（1）

183

打造数字化研发流水线

图 8-20　项目组合管理功能示例图（2）

2. 监管方面

可通过重大重点项目执行情况、逾期项目情况、研发成本、项目执行质量情况等监管战略变更、总体资源分配及使用、绩效成果、项目组合风险等。

例如，在此阶段内，通过研发投入成本与年度目标和环比的对比，了解年度研发投入情况；通过对各组成部分的里程碑进度、任务执行情况、产生成本情况等，对项目组合进度及成本情况进行了解，并对已逾期的"科力普动态DW系统"和"公共软件平台建设"进行重点关注；通过查看各项目的缺陷率、缺陷趋势信息，了解当前组织质量情况，便于有针对性地制定改进措施，提升组织质量。

8.4.2 项目集管理

ZOS.IPD系统中，项目集管理功能示例图如图8-21所示。

1. 范围方面

通过对集合内各子项目的范围管控，实现对项目集范围的管控。

例如，"航空智能货物装载信息系统"这个项目集，由"重量及外形尺寸测量分系统""智能仓储分系统""集成装配分系统""限动监控分系统""智能装载系统"等项目组成。项目集经理可通过系统判定的各项目状态，对各项目进行不同程度的关注与调整；通过任务总数、子项目总数、总工时等信息，对项目集整体范围进行了解与管控。

2. 监管方面

（1）全局监控：通过任务完成率、任务准时完成率、整体项目集里程碑进度、项目进度等信息，监管项目集整体进度。

（2）进度监控：通过对各子项目里程碑进度、逾期任务情况等信息，监管各子项目的进度，对逾期的"限动监控分系统"和"智能装载系统"项目进度进行重点关注与管控。

打造数字化研发流水线

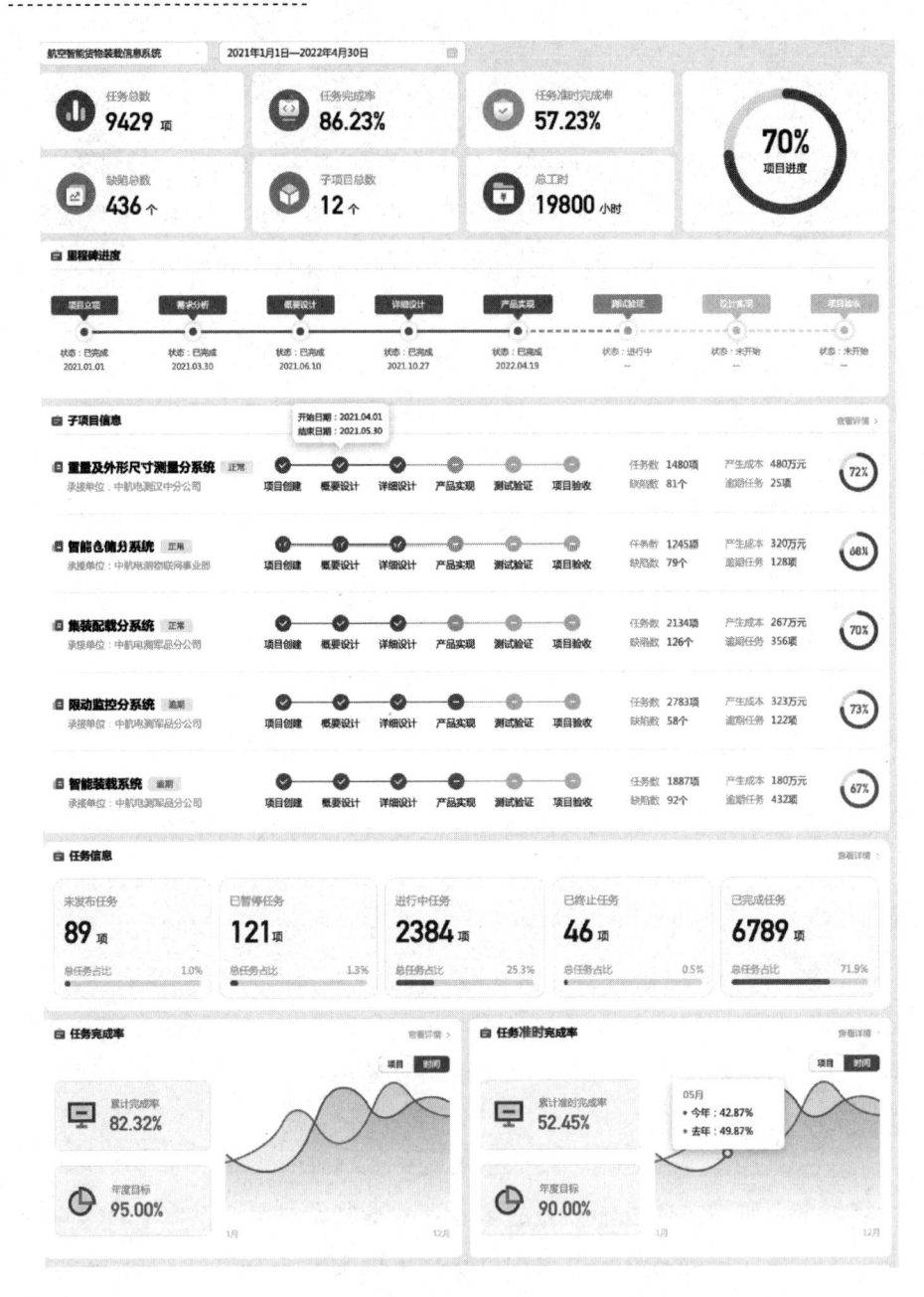

图 8-21 项目集管理功能示例图

（3）质量监控：通过柱状图、折线图、列表等形式，从不同维度、不同类型监控项目质量，便于识别质量问题，并进行分析与整改，提升整体项目集质量。

（4）成本监控：通过对某类成本、某阶段成本的统计，便于了解项目集成本情况，与预算进行对比，及时管控成本。

（5）人员监控：通过对员工任务信息、缺陷信息、工时信息等的统计与分析，便于进行绩效管理。

8.5 走向构型管理

8.5.1 构型管理过程模型

民机构型管理（军机状态管理）通过输入项、约束项、机制/资源项作用于具体活动，然后输出构型管理的相关产物。构型管理过程模型如图8-22所示。

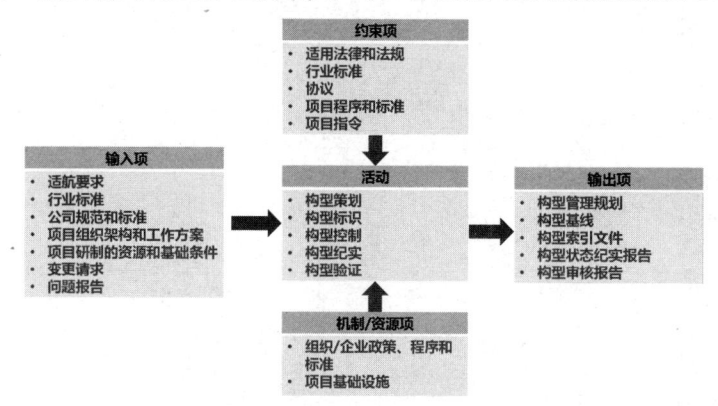

图8-22 构型管理过程模型

8.5.2 构型管理过程示例

对于一般的生产制造企业而言，很难像制造飞机一样按照构型管理全过程全要素执行管控，因此我们在飞机构型管理的基础上进行了适当的简化，即借鉴构型管理的方法对产品全生命周期的"属性"进行管理，又不至于造成过高的管理负担和成本。构型管理过程分解图如图8-23所示。

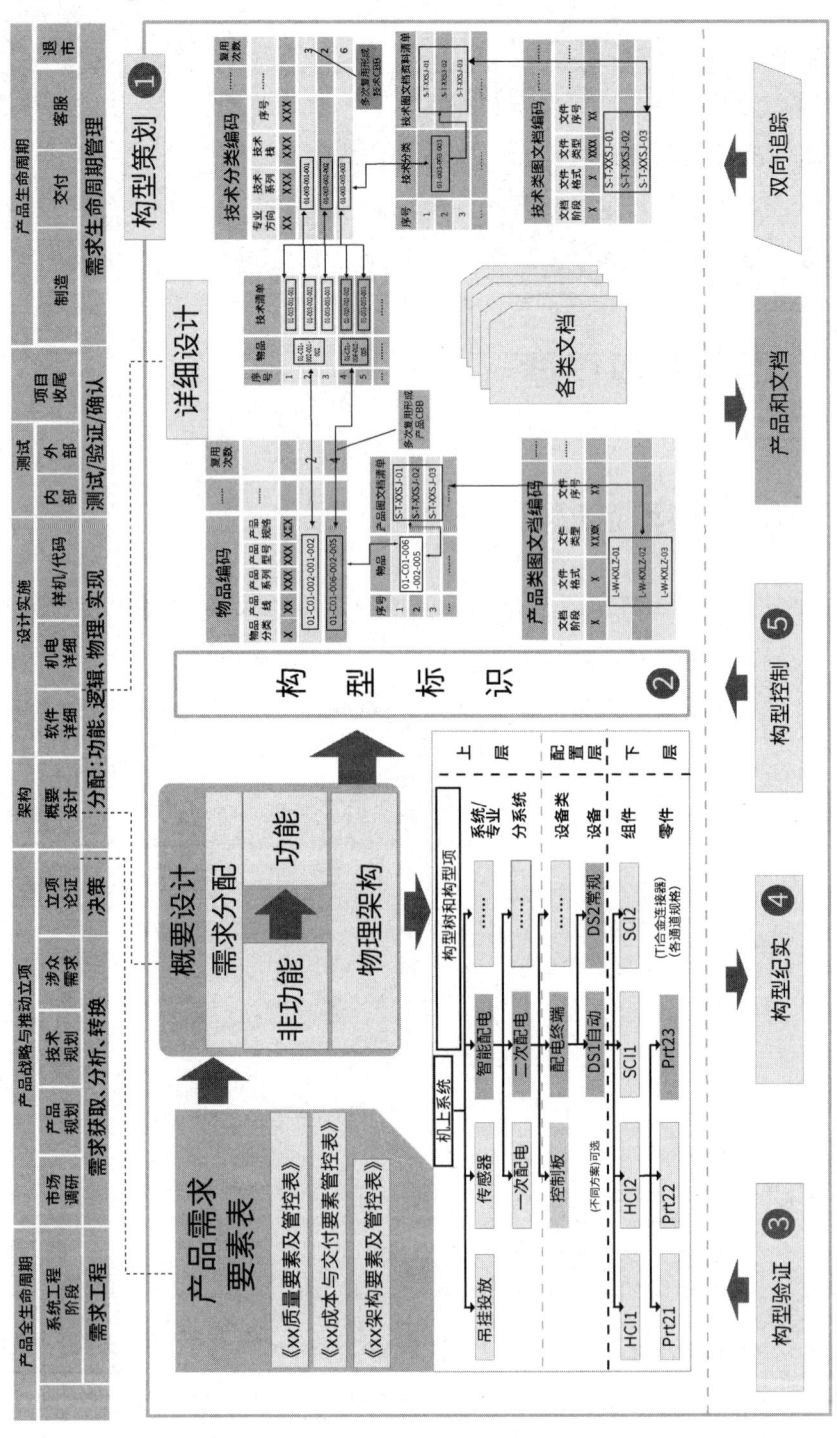

图 8-23 构型管理过程分解图

构型管理过程分为以下 5 部分。

1. 构型策划

构型策划是对项目初期构型管理的工作进行策划,形成构型管理计划,并可根据项目研制进度进行更新。

构型策划主要包括以下内容:

(1) 识别的内外部需求、参考的标准等。

(2) 构型管理工作的目标、管理范围和基本原则。

(3) 构型管理组织和职责。

(4) 各阶段构型管理活动以及需要遵循和使用的管理程序、规则和工具。

(5) 构型管理过程评价机制。

(6) 全生命周期构型管理要素。

中航电测集成研发管理要素图如图 8-24 所示。

2. 构型标识

构型标识是构型管理的前提。为了实现产品属性与产品相关信息之间的一致性,要在产品定义信息中对产品的性能、功能和物理属性进行标识和定义。以产品与图文档、技术资料编号之间的关系为例,产品编号关联关系图如图 8-25 所示。

3. 构型验证

构型验证是为确定构型项是否符合其构型信息所进行的检查。所有的过程和活动都会产生数据,这些数据在数字化平台上被严格控制,最终形成构型管理的数据库。

集成研发管理要素		产品战略与推动立项				架构			设计实施		测试		结题收尾	产品生命周期			
		市场调研	产品规划	技术规划	立项论证	涉众需求	概要设计	软件详细	机电详细	样机/代码	内部	外部		制造	交付	客服	产品退市
产品需求要素	质量	√	√	√	√	√										√	√
	成本交付	√	√	√	√	√									√	√	√
	架构						√										
设计过程资产	记录	√		√	√	√	√				√		√		√	√	
	报告				√	√	√				√		√				
	图纸							√	√	√							
	工艺规范								√	√							
	BOM								√	√				√			
选型管理	系列	√	√		√		√		√								
	CBB	√	√		√		√		√								
	采购				√				√					√			
	合规保密安全等	√			√		√	√	√	√	√	√	√	√	√	√	√
状态管理		√	√	√	√	√	√	√	√	√	√	√	√	√	√	√	√

项目管理其他要素：经费、项目组成员（含绩效指标，如工作质量、数量、难度、效率、出勤、态度等）、风险、干系人、变更等。
构型管理：表中各要素涉及产品的全生命周期管理，合所有要素的导入、变更、状态等管理及其结果展示。可按产品编号→项目编号全程追踪。

图 8-24　中航电测集成研发管理要素图

第8章 研发管理数字化

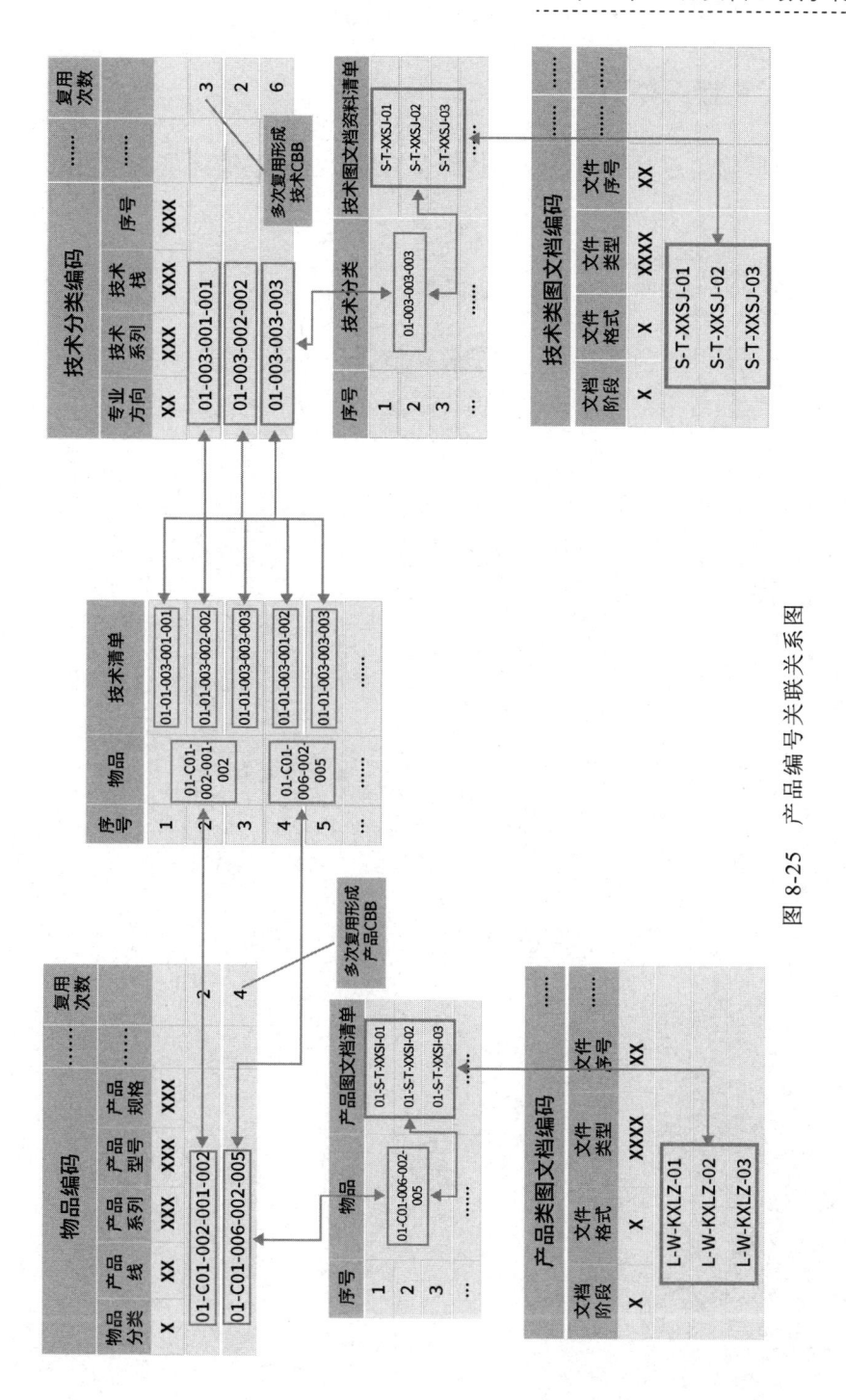

图 8-25 产品编号关联关系图

4．构型纪实

构型纪实是对已确定的产品构型信息、提出的更改状况和已批准更改的执行情况等所做的正式记录和报告。

5．构型控制

构型更改控制流程通过识别和评估所有建议更改的影响，以及验证产品和相关产品构型信息并持续保持一致，从而保证在产品全生命周期内的一致性。

最终输出产品和产品设计过程中的所有文档，有了这样的构型管理的全过程，就可以追溯产品研发的全过程，从而达到双向追溯的目的。

第 9 章　生产线开发案例

L6D 传感器是中航电测一款经典的平行梁结构传感器，该传感器测量精度高、测量范围广、结构简单、频响特性好，被广泛应用于商业、工业、农业等各个领域，如图 9-1 所示。

图 9-1　L6D 传感器

在自动化生产线建设前，该产品的制作采用混线生产，如图 9-2 所示。生产中主要存在以下问题：

（1）产品规格、型号杂乱，工艺不规范。

（2）手工作业为主，员工加班多，劳动强度大。

（3）生产成本高、周期长、人均贡献率低。

（4）质量波动大、质量追溯困难。

图 9-2　改造前 L6D 传感器生产模式示意图

为了响应市场快速增长的需要，促进公司从劳动密集型企业向自动化工厂、智能制造转型，2018 年，公司决定建立 L6D 传感器自动化生产线，并提出了以下目标：

（1）实现单班日产 1920 只，生产线人员减少 30%以上。

（2）以 C3 级传感器为例，合格率达到 97.5%。

（3）主要工序实现自动化，降低员工劳动强度，提升操作效率。

（4）全线信息化贯通，便于生产、质量管理。

作为公司重大项目，L6D 自动化生产线建设开启了自动化流水式生产模式的探索之路，对于以元器件研发制造为主的企业来说，无疑是一项严峻的挑战：面对公司技术人员无相关工作经历、业内也无相关经验可以参考借鉴的情况，生产线建设需要开展从 0 到 1 的架构、设计、实现、验证等各项工作。

项目组按照需求分析→立项论证→概要设计→详细设计→生产线制造→测试与验收这一过程，严格遵循公司研发流水式管理体系的要求推进实施，成功实现了国内外针对该类产品首创的精密元器件自动化生产线建设，有效促进了生产管理的提质增效。

9.1 需求分析与立项

确立了总体目标后，从负责设备采购与传感器生产工装设计的工程师中抽调人员成立了需求分析项目组，依据"需求管理流程"开展需求获取、分析、加工，转换目标，立项论证，并指导参与需求实现、验收评价等工作。

9.1.1 需求获取

首先，基于 L6D 传感器自动化生产线展开需求分析，确定其质量、架构与交付、成本等需求要素；对于部分不清晰、不确定的需求，进一步展开市场调研和利益相关方访谈等，获取涉众需求。

下面是部分涉众需求调研内容举例。

(1) 投资者

- 功能用途：生产制造铝传感器。
- 适用范围：L6D 系列传感器，兼容 L6E 系列。
- 性能：如产品精度指标等（C3 达标）。
- 效率：年产量、人员数量等。
- 质量：质量保障与提升（流通合格率）。
- 效益：投资产出比（生产线回收期、智能工厂建设样板生产线）。

(2) 使用者（生产线操作者）

- 开机：首次开机的初始化、分步启动；重启开机的续节点运行。
- 操作：易操作（界面、易换产、数据更新与存储）、安全（防护、互锁）、可靠（MTBF）。
- 暂停/恢复：保存参数与运行状态、停机、从停机节点重启运行。

(3) 管理者

- 生产线：生产线状态（人、设备、物料等）、产量统计、工时统计。
- 质量：过程与结果质量数据记录。
- 过程监控：主控界面（过程、通信、运行状态和环境状态监控）、设备状态指示。

(4) 客户

- 质量管控：过程质量监控展示（质量管控、统计与分析、智能决策系统）。
- 高科技感：外形、过程展示，智能化程度展示。

9.1.2 需求分析与加工

1. 需求分析

对所获取的需求进行分析，确定显性需求、挖掘隐性需求等。

(1) 战略一致性：需与公司智能制造战略保持一致。

（2）利益：需能支持提高人均劳动生产率、降本增效。

（3）难度：在架构设计、交互处理、信息通信、加工制造等方面的实现难度评估。

（4）风险：需求实现的技术、人力资源风险分析。

2．优化与评估

需求分析后，还要从以下方面对需求进行优化与评估。

（1）分析归并需求：分析需求耦合度，识别因果、包含等关系，梳理/合并/优化同类需求。

（2）筛选需求：剔除无用或错误需求。

（3）加工与转换：将表达不准确的需求加以转换；将表达遗漏的需求加以补充。

（4）抽象与设计需求：透过现象看本质，理解本质需求；重新抽象、转换与设计需求。

（5）SMART 评估：需求应具体、可测量、可实现、与目标相关、明确时间。

（6）确定需求优先级：评估紧急度（紧急、一般、不紧急）、重要度（重要、一般、不重要）、难度，并排列需求优先级。例如，修四角（人工占用最多且有一定基础）应优先考虑实施，其他依序为 ZTC 补偿、涂胶、包装、贴片、组桥等。

3．自动化难点分析

梳理完需求后发现在原来的生产过程中存在以下问题。

（1）由于客户的差异化需求，L6D 传感器衍生出了数百个型号产品，型号众多杂乱、原辅材料多，很难实现自动化。

（2）工艺流程多样，整个生产线存在多种工艺流程。同一工序，存在多种操作工艺；不同的员工，又会采用不同的操作方法。

（3）既有人工生产，也有单机生产，整体流转路线混乱，原料存放在

3楼，半成品加工要到2楼，成品又要再放回3楼储存。

因此，自动化生产线在布局时，就要考虑解决上述问题，不能简单地采用设备搬迁或场地扩充，而要站在便于自动化转运、储存等维度，需要同步考虑产品统型、工艺标准化及工艺优化等问题。

4．产品统型

需求分析要从生产线使用者视角转换至开发者视角，思考如何在技术上实现使用者的需求。以满足实际生产应用为导向，全面调研客户对产品规格、型号的需求，从产品目前的采购量、重要程度、未来需求等维度开展分析，梳理出优选的产品规格型号，如图9-3所示。

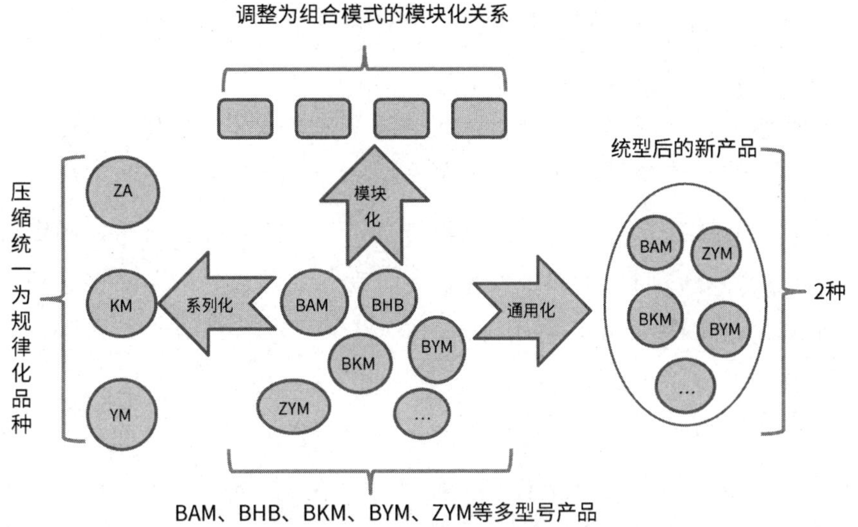

图9-3 L6D产品统型原理图

（1）通用化统型

对现有产品规格和型号进行归并、优选、简化，选择能最大限度覆盖产品使用范围共同特性或典型应用的技术、原辅材料等作为通用化对象。例如，将L6D传感器防护胶的种类由之前的5种统型为2种，减少原材料种类，便于备库，便于自动化实施。

（2）系列化统型

系列化统型的方法是，把一类产品的主参数或规格按规律进行分档、分级，形成产品系列，如将 L6D 传感器导线长度由上百种统型为最常用的 3 种规格。

（3）模块化统型

模块化统型的方法是，将外形尺寸相同及部分原材料相同的产品作为一种基础型号，其他产品在此基础上再进行完善。

统型后 L6D 产品的型号从数百种缩减为 50 多种。

5. 工艺标准化

与开发单项产品不同，开发生产线是多种单项产品的组合，需要进行工艺布局设计。

产品统型后，我们仍需分析，明确还有哪些工步的操作可优化、可进一步提升，目标是提升效率、降低员工劳动强度、提升产品的一致性。为此，应依据各工序统计的质量数据对每个工步的操作进行分析，确定每个工序的标准操作，固化工装、夹具，为自动化实施做好准备。根据确定的工艺编制每个工序的 SOP 和质量控制计划。

（1）工艺优化思路

项目组对可能实现自动化的工序进行逐一梳理。在开展此项工作时，一项重要的心得体会是：敢想、敢创新、重验证，如图 9-4 所示。敢想并不是空想，思考后还需开展核心技术验证，确定具体方案，如贴片工序以前是手工作业，需升级为自动化设备；涂胶工序目前是离线设备作业，需升级为在线设备作业。

（2）自动化生产线工艺流程

有了以上各工序自动化方案，根据产能确定工序的设备及人员数量后，初步确定整条生产线的工艺流程，如图 9-5 所示。

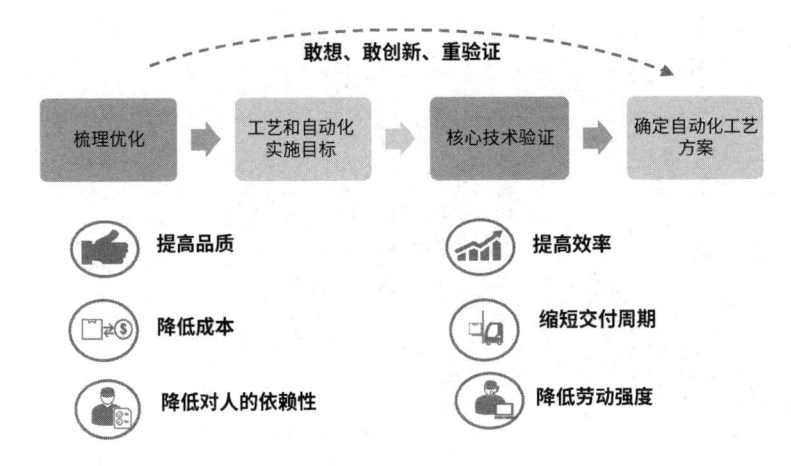

图 9-4　L6D 传感器工艺优化思路

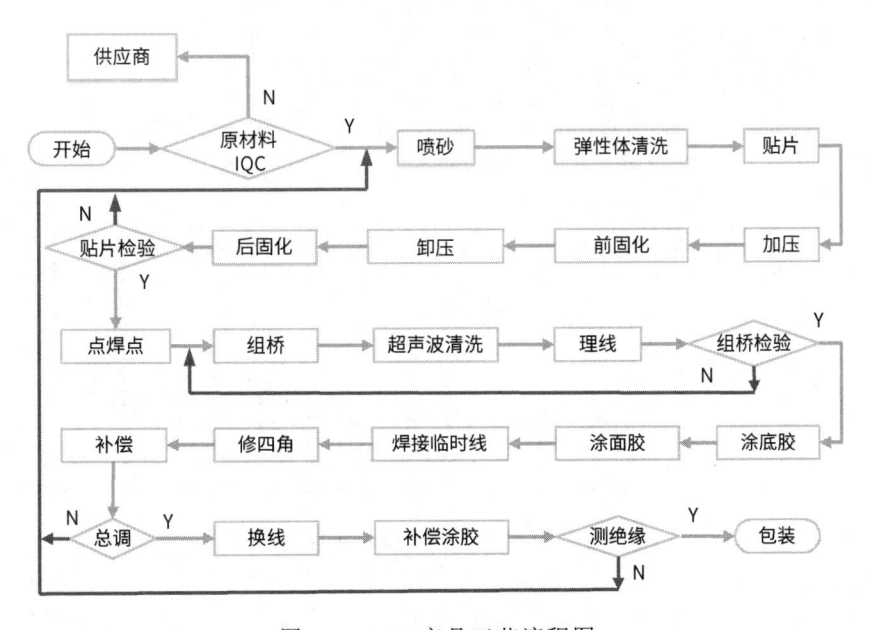

图 9-5　L6D 产品工艺流程图

为了做出合理的工艺布置，根据工艺流程及产能，将生产线划分为贴片、组桥、涂胶、修四角、补偿、包装等工段。

按照精益生产的思路，每个工段内采用在线式设备、辅助流水线连接传动，工段之间采用流水式转运（皮带线、板链线、倍速链等）。工艺布局时尽可能减少工序内及工序间的搬运及等待，降低员工的劳动强度。工艺的分解组合原则如图 9-6 所示。

打造数字化研发流水线

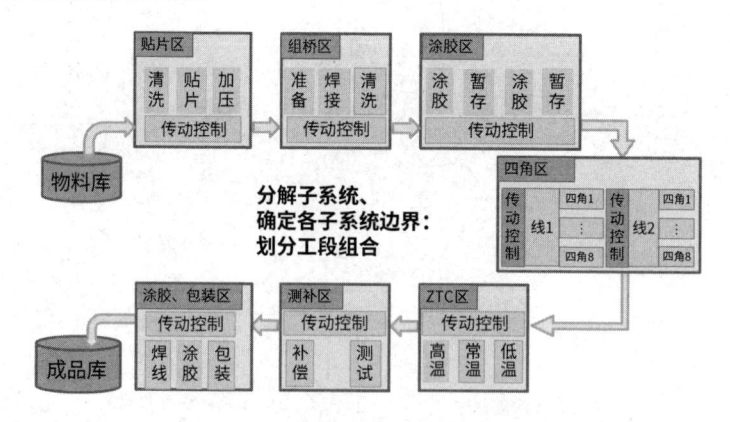

图 9-6 工艺的分解组合原则

根据以上原则最终确定生产线的工艺流转及布局，如图 9-7 所示。

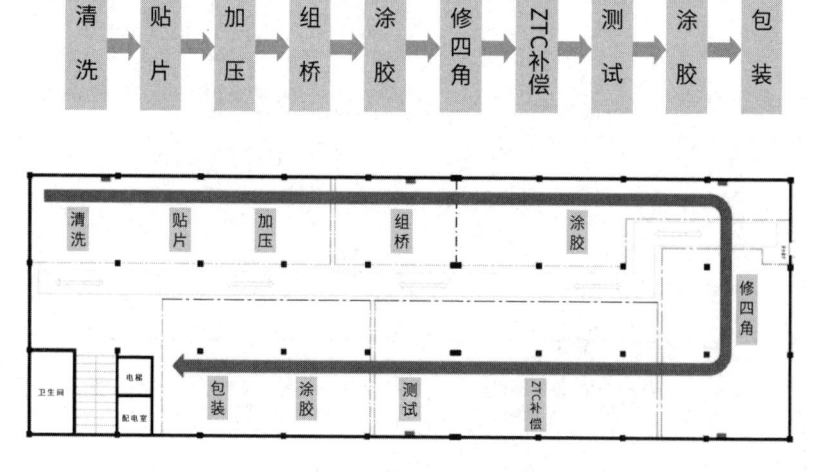

图 9-7 生产线工艺流转及布局示意图

9.1.3 转换目标与立项论证

需求分析完成后，把需求通过图表、模型语言映射到目标，对形式与结构、系统边界、功能与性能效率、成本与交付、能源供给等进行描述，形成初步的概念模型。依据概念模型，项目组分别编制了《L6D 生产线规划书》《立项可行性分析报告》，如图 9-8 所示。

至此，经需求分析及立项，转到整个生产线的开发阶段。

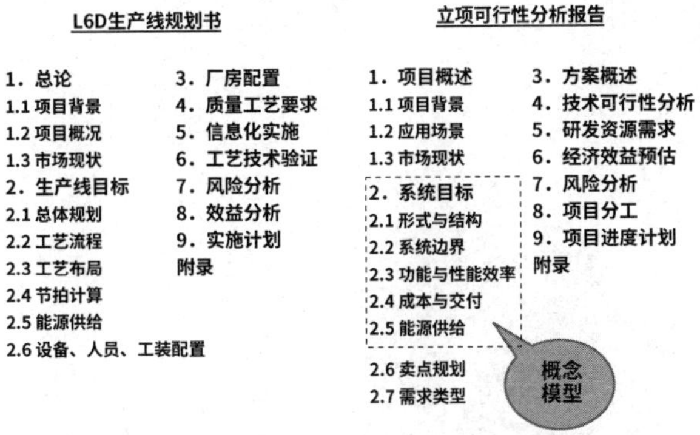

第 9 章 生产线开发案例

```
L6D生产线规划书                    立项可行性分析报告
1. 总论              3. 厂房配置      1. 项目概述      3. 方案概述
1.1 项目背景         4. 质量工艺要求  1.1 项目背景     4. 技术可行性分析
1.2 项目概况         5. 信息化实施    1.2 应用场景     5. 研发资源需求
1.3 市场现状         6. 工艺技术验证  1.3 市场现状     6. 经济效益预估
2. 生产线目标       7. 风险分析      2. 系统目标      7. 风险分析
2.1 总体规划         8. 效益分析      2.1 形式与结构   8. 项目分工
2.2 工艺流程         9. 实施计划      2.2 系统边界     9. 项目进度计划
2.3 工艺布局         附录            2.3 功能与性能效率
2.4 节拍计算                         2.4 成本与交付
2.5 能源供给                         2.5 能源供给           概念
2.6 设备、人员、工装配置              2.6 卖点规划           模型
                                     2.7 需求类型
```

图 9-8　L6D 生产线规划书及立项可行性分析报告

9.2　生产线设计

生产线设计分为概要设计（方案）与详细设计两个阶段，本节重点介绍概要设计阶段的部分关键内容。

9.2.1　系统简介

L6D 传感器自动化生产线建设以两化融合理念为指导，其中工业化的核心是通过自动化设备的开发，替代人工重复劳动，实现单业务生产活动的自动执行；信息化的核心是通过信息系统实现标准作业的规范管控与执行，该生产线是应用中航电测数字化运营管理平台（ZOS）生产制造相关模块，进行生产交付全流程数字化管理。

9.2.2　系统目标

1. 形式与结构

该生产线计划位于汉中分公司 103 厂房 3 楼，面积约 2000m^2，按流程图以及工艺布局图进行布置，按各工序所需设备数量及估算尺寸规划物流/人流通道，进行生产线三维示意图建模，如图 9-9 所示。

201

打造数字化研发流水线

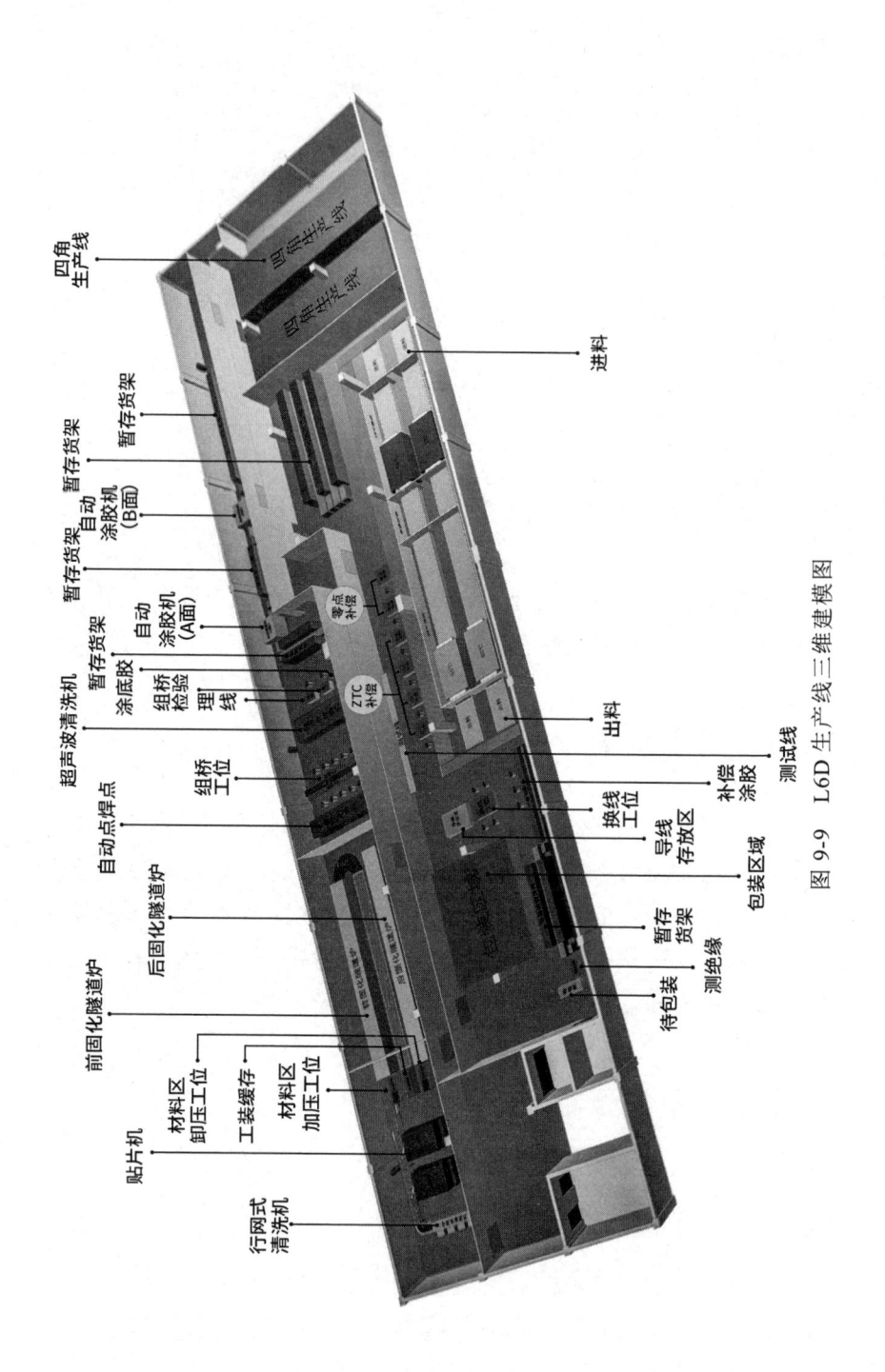

图 9-9 L6D 生产线三维建模图

2．系统边界

该生产线可满足 L6D 系列产品的生产，同时通过更换部分设备工装可满足和 L6D 相同工艺产品的生产。

3．功能与性能效率

依据需求分析，L6D 生产线需要进行制造执行、仓储物流、智能建筑三大系统的建设并与 ZOS 系统实现互联，如图 9-10 所示。制造执行系统涵盖生产线调度、设备管理、人员考勤、看板管理等功能；仓储物流系统主要包含智能仓储、无人货架应用，以及自动化、智能化物料配送；智能建筑系统主要包括安防系统、能源监控系统、环境监测系统等。

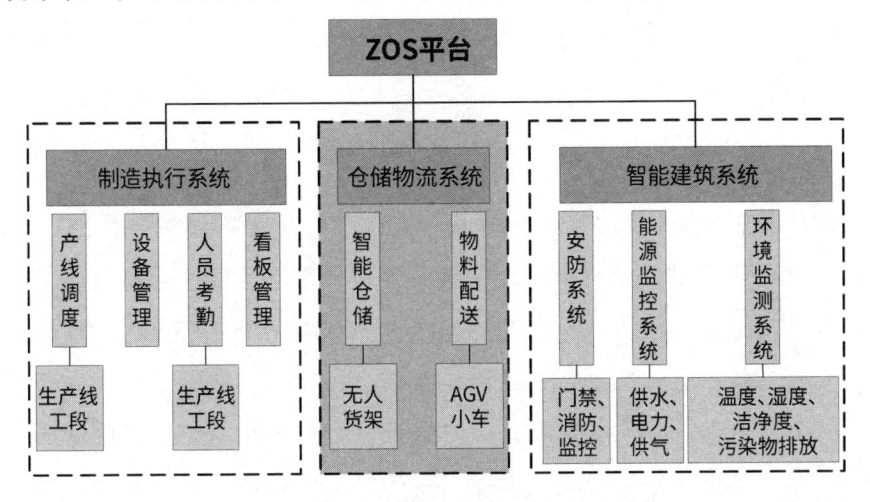

图 9-10　L6D 生产线建设目标

将图 9-10 所示的各功能细化展开，并分配映射性能效率指标至相应功能。在详细设计阶段做好所有非功能需求到功能需求的映射。

4．特点与创新点

L6D 生产线是汉中分公司自主研发的首条铝制传感器自动化生产线，采用多项创新技术，与 ZOS 数字化管理系统结合，努力走向智能制造，实现产品品质和效率提升。

9.2.3 系统分析与建模

整条生产线采用自顶向下的设计，涉及内容很多，这里讲解几个核心点。

1. 系统顶层架构

中航电测 ZOS 数字化运营管理平台构建了 18 个业务域+管理驾驶舱，支持着企业整体业务的一体化运营管理，再将 ZOS 平台与工业设计软件、制造执行系统、仓储物流系统、智能建筑系统等实现互联，构成企业内部物联网；采集处理各种数据，构建智能决策分析模型，逐步迈向智能制造；与外部实现上下级互联、上下游互联（供应商、客户），形成产业链数字化延伸管理，如图 9-11 所示。

2. 生产线架构

ZOS.MES 系统下达生产相关指令、信息，至生产线调度机→工段管理机→自动化设备控制器；由设备层实施信号采集与转换、产品加工，再将数据上传至工段管理机→生产线调度机→ZOS.MES。结构化的产品过程测试数据、设备运行数据、人员操作数据、环境监测数据等分级保存与上传，用于质量追溯、设备监测、工时管理、产能统计、电子屏展示等；非结构化的分工位视频监控信号上传，用于远程监控，如图 9-12 所示。

3. 生产线子系统层次结构

将 L6D 生产线机、电、软各子系统及子系统间进行逻辑分析与建模，设计层次架构图，描述层次结构关系；再分析各信号走向，画出生产线总信号拓扑图。

第 9 章 生产线开发案例

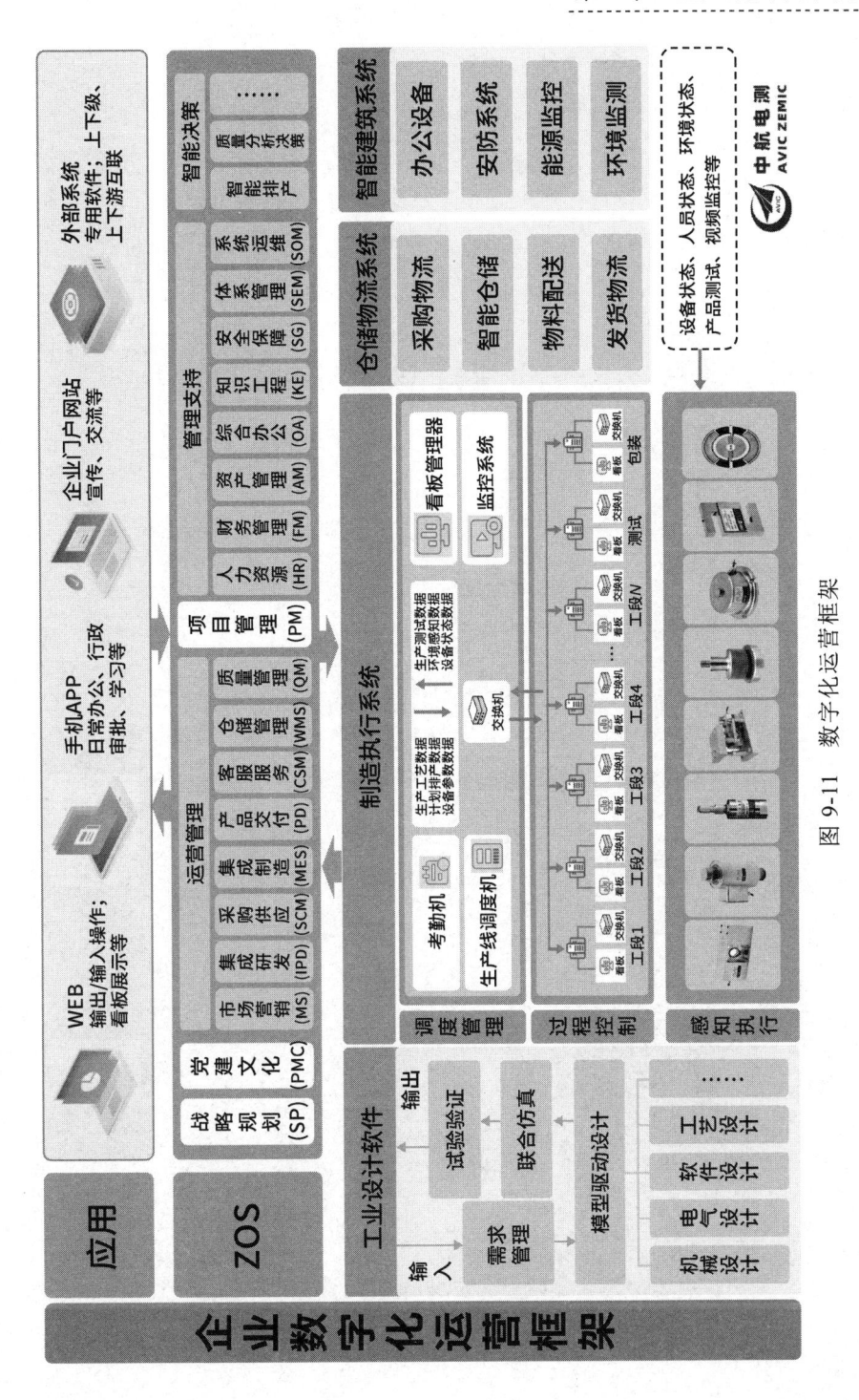

图 9-11 数字化运营框架

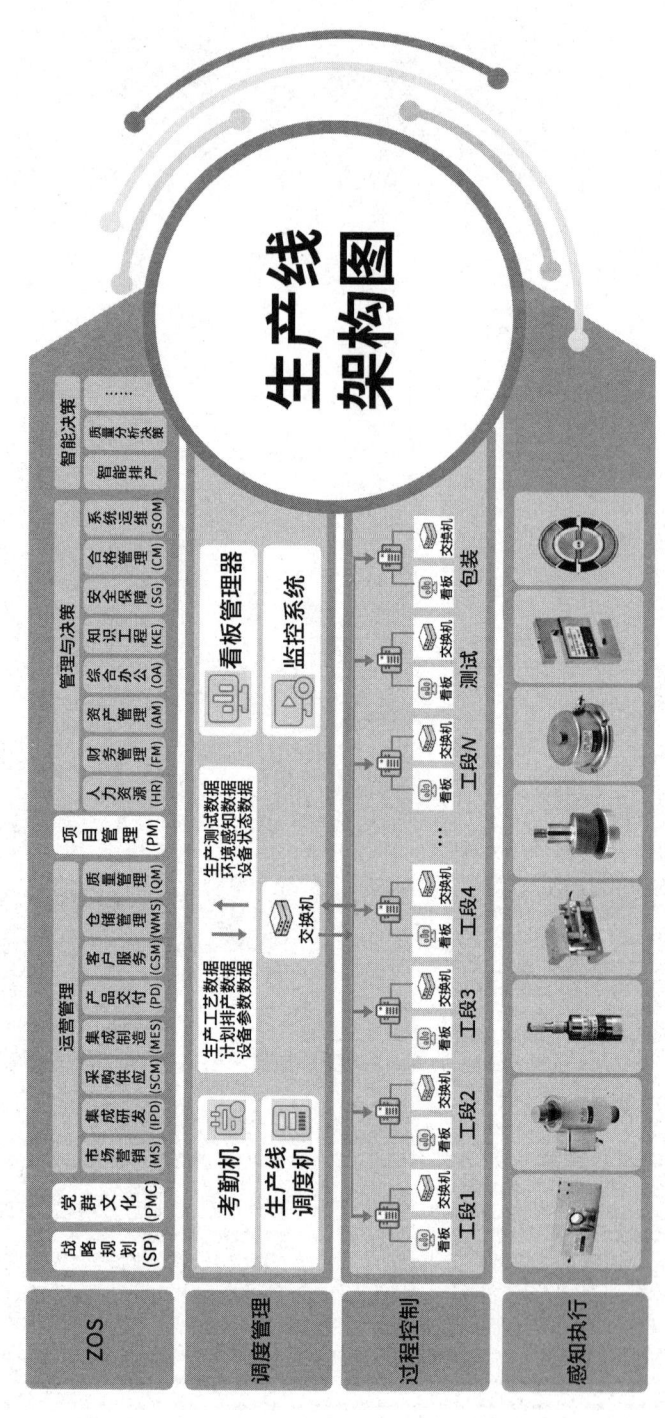

图 9-12 L6D 生产线 SCADA 架构图

4．流程与交互

对于自动化设备与生产线的开发建设，各种复杂的逻辑动态分析建模是难点，需要描述各子系统之间功能交互、信号交互、工作流程及其交互等，并描述各子系统内部交互关系；需要将复杂系统层层分级细化至每一个具体动作，分解层级视系统复杂程度而定。L6D 生产线调度关系与交互图如图 9-13 所示。

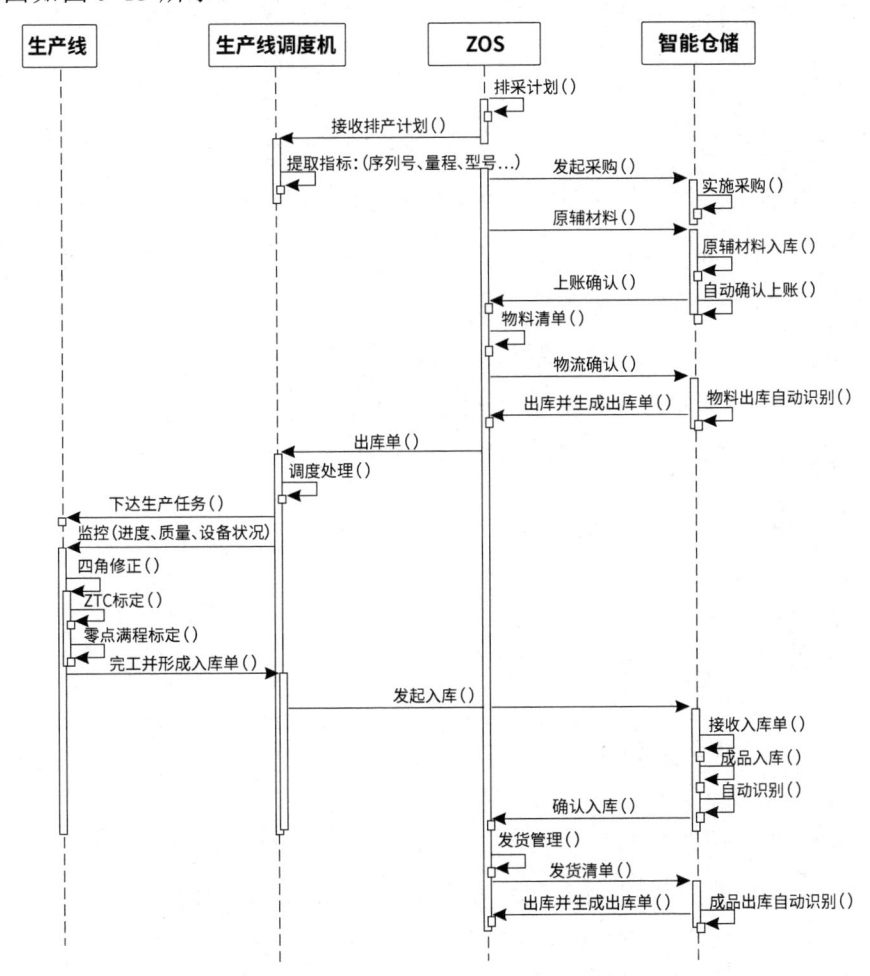

图 9-13　L6D 生产线调度关系与交互图

9.2.4　容错与防护

1．故障码分类、定义及故障防护

故障码分类及定义按中航电测相关规范进行，根据不同系统特点可扩充。在系统中捕获的各种故障信号须及时告警、防护与保存。

2．运动分析与防护

（1）干涉分析

运用了状态机图及节点分析表，分解至各流程执行的每个动作节点，对设备各运动部件之间进行了运动干涉分析，如图9-14所示。

（2）运动故障防护

当系统节点运行状态与节点分析表中所示状态不相符时，系统产生异常，需调用故障处理函数，对四角机进行相应的处理。

比如L6D生产线中四角设备启动电机时无速度信号，应进一步确认是电机启动故障还是速度传感器损坏，并做报警提示及解决措施说明。

3．电磁兼容分析与防护

遵循抗电磁干扰、防雷击、接地（防雷地、安全保护地、信号地）、布线、电气元件冗余设计等相关标准，做好分析与防护。

9.2.5　综合设计

L6D生产线为综合性复杂系统，可按层级划分子系统后分别描述。

生产线以及生产线中的自动化设备的设计与开发，涵盖了机械、电气、嵌入式软件、系统软件、通信接口与协议等5个方面，以下进行简要说明。

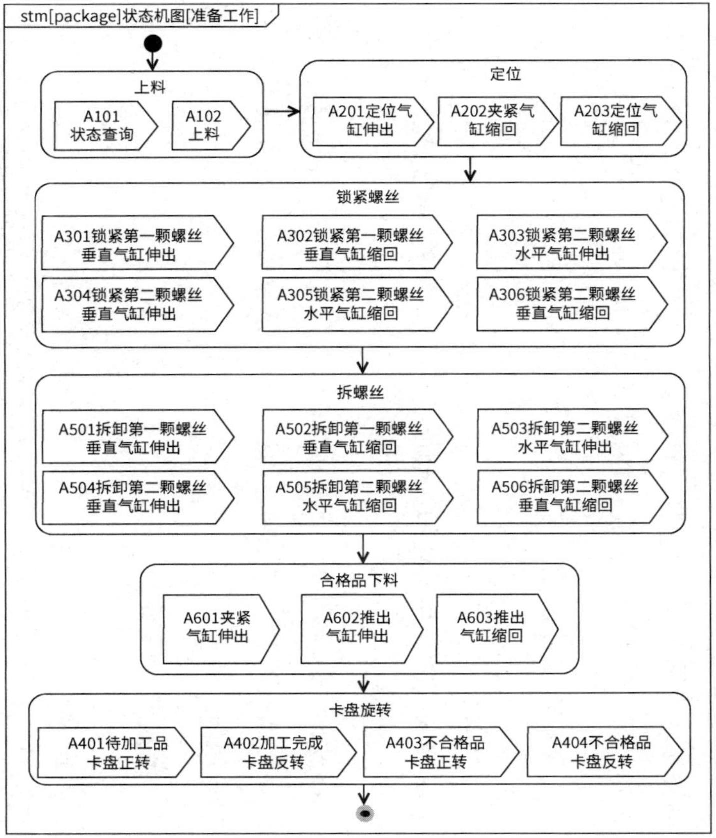

第 9 章 生产线开发案例

节点编号	D01	D02	D03	D04	D05	D06	D07	D08
A101	1	0	0	0	0	0	0	0
A102	1	0	1	0	0	0	0	0
A201	1	0	1	1	0	0	0	0
A202	1	0	1	0	1	0	0	0
A203	1	0	1	0	0	0	0	0
A301	1	0	1	0	1	0	1	0
A302	1	0	1	0	1	0	0	0
A303	1	0	1	0	1	0	0	1
A304	1	0	1	0	1	0	1	1
A305	1	0	1	0	1	0	0	0
A306	1	0	1	0	1	0	0	1
A401	0	1	0	0	0	0	0	0
A402	1	0	1	0	1	0	0	0
A403	0	1	0	0	0	0	0	0
A404	1	0	1	0	0	0	0	0

气缸、光电

图 9-14 L6D 生产线四角机节点分析表及状态机图

1. 机械设计

(1) 概要设计

包括三维结构及说明，各结构构成及各部件的原理、功能、参数的说明，核心部件的选型等。

(2) 详细设计

包括整个系统中框架结构的设计、各机构部件的设计计算、关键外购部件的选型计算及 CBB 的构建与应用等。

2. 电气设计

(1) 概要设计

包括电气结构图、原理图、元件布局方案、核心部件选型等。

(2) 详细设计

包括整个系统的电气原理图，电气元件、组件的选型，电气柜体及内部布线详细设计，PCB 版图及 CBB 构建与应用等。

3. 嵌入式软件设计

(1) 概要设计

包括嵌入式软件层次结构、调度关系、UI 及其他接口等。

(2) 详细设计

明确软件平台及环境，细化软件设计的层次架构，设计定义全局变量与结构、主业务流程、主要功能函数，以及调度关系、动作交互关系、资源应用、通信交互等。

4. 系统软件设计

(1) 概要设计

包括系统软件层次结构、IT 架构、调度关系、功能架构及主界面定义、主数据流、主数据结构、其他接口等。

(2) 详细设计

细化各级菜单的访问层次结构、代码架构、基础类、各功能与界面、数据流等。

5．通信接口与协议

在符合外部、内部标准的前提下，确定通信接口类型及协议，具体通信参数可在详细设计中细化描述。

9.2.6 其他内容

1．CBB 构建与应用

L6D 生产线建设过程涉及多项自动化设备的开发，在此过程形成了 PLC 标准库、电气元件选型库、SCADA 软件架构、PLC 软件架构及多种报告模板等 CBB 积累，为后续其他自动化设备及生产线的开发提供了有效复用支持。

2．关键技术试验

在该生产线的建设中，需要识别并提前进行关键技术的验证，以确认关键技术是否能够满足使用要求，如四角机对传感器的挫修试验等。

9.3 生产线制造

在详细设计阶段形成设计资料。生产线制造阶段（样机制造、软件编码）主要工作是按照设计资料进行采购、生产、加工及装配等。

1．输入设计资料

（1）机械部分：零件图纸、部件图纸、总装图纸、机械部件 BOM 清单、生产加工装配指导文件。

（2）电气部分：电气 PCB 版图、装配与接线图、电控器件 BOM 清单、生产加工装配指导文件。

（3）软件部分：软件详细设计报告。

2．生产加工装配

按 BOM 清单完成零部件的生产及器件的采购、加工与总装。整个过程需要做好记录，并针对发现的问题及时修改纠正。

3．软件编程

依据软件详细设计报告进行编程，编程人员需要做好过程测试与处理，并做好工作记录。

4．系统联调

将总装完成的设备与软件集成，进行系统调试，最终集成为整条生产线。

9.4　测试与验收

产品测试活动伴随产品设计、实现的全过程。在生产线设备制造阶段，对单个设备而言，需从部件到系统依次开展单元测试、集成测试、系统测试、验收测试；对于生产线而言，生产线中的各设备又可视为生产线的单元。

9.4.1　设备测试与验收

针对各工序设备（如四角机、贴片机等）进行测试。

在生产线这个系统中，按系统逐层分解的思想，将各个工序的设备看作单元，每一个工序的设备看作一个二级或者三级子系统，按照其设计及功能进行各个子系统的集成与单元拆分，逐项完成单元、集成、系统及验收测试。

整条生产线共涉及 23 种设备,对这些设备进行测试,并形成测试记录表及测试报告。其中,自动贴片机的实施可节省 6 人,自动加压机的实施,实现了压力的准确控制,解决了高温下压力值降低的问题;自动四角机的实施,节省 5 人,产品四角性能明显提升,原始及终检数据自动存储,便于质量分析、追溯。

9.4.2　工段测试与验收

工段测试与验收,就是针对相应工段设备的衔接情况进行测试。

在生产线系统中,各个工段就是系统的集成,测试过程中要重点关注内部接口之间的测试,即各工序设备衔接的正确性与流畅性。例如:

(1)贴片工段

对自动清洗机、自动贴片机、自动加压机、固化隧道炉及输送流水线进行测试,运行情况达到预期。

(2)组桥工段

对自动清洗机及输送流水线进行测试,运行情况达到预期。

9.4.3　生产线测试与验收

对整线进行集成,并进行系统测试后,开始一段时间的试运行,然后公司组织由领导与专家组成的验收组做整体验收。

1. 验收结论

生产线批量运行后,各项指标符合预期,部分指标超预期。

(1)提质

产品品质由 C3 提升至 C6 水平,产品一次流通合格率由 93.5%提升至 98%。

（2）降本

制造成本占比由 90%降低至 75%，在制品数量减少 32.5%，能耗降低 15%，投资回收期为 4 年。

（3）增效

产品制造周期缩减 20%，计划完成率提升至 99.5%。

L6D 单班日产出由不足 2000 件提升至 4000 件以上。

该生产线极大地提升了生产管理水平，达到了该类产品生产的国际领先水平。

2．过程资产积累

通过本项目的实施，形成并积累了一系列的 CBB、专利等科研成果，为企业后续的自动化生产线建设、智能化工厂建设奠定了坚实基础。从此，中航电测在全公司范围内开始建设各种自动化生产线、数字化车间，直至智能园区。

9.5 经验与教训

9.5.1 教训总结

1．问题举例

该项目交付延期时间较长，预期 12 个月，实际 18 个月完成。核心原因是两大难题：

（1）生产线开发难度大，许多设备与技术无成熟经验可学习与借鉴。

（2）课题组成员经验不足，因为整个课题组成员没有相应的实战经验，且新人多，面对的大都是他们从未遇到过的新问题。

第9章 生产线开发案例

2．过程问题分析

（1）启动过程

各阶段工作内容未完整梳理清楚（范围管理问题）就着急动手，导致后期产生诸多的补漏工作。例如，车间电气布置规划未提前做好，使得推进过程原本可以并行的工作变成了串行。

（2）计划过程

对项目 WBS 分解不合理，任务拆分不够细化，工作量估算不准确，导致计划偏差大。例如，无自动化设备开发经验及技术基础，按常规项目开发经验拆分任务、评估工作量。

（3）执行过程

未按计划落实开展，过程缺乏沟通管理。例如，PLC 编程时，新人第一次做工程，边学边干，看着说明书做各机构及部件测量与控制的编程、试验，等程序跑通了则频繁出错，经专家追溯才发现未按设计要求编程，只能推倒重来；项目管理人员缺乏沟通组织及监督。

（4）监控过程

过程中，研发设计质量较差，机加、装配质量不达标，导致返工；中途人员离职风险没有提前管控，导致部分工作中断；需求分析的不充分与设计架构的不完善，导致经常产生功能、应用边界增加等设计变更。

（5）收尾过程

遗留问题处理拖沓，资料归档不及时。

3．解决措施

自 2016 年开始持续推进研发流水线建设，迭代完善体系文件及各种模板、方法、工具等，形成一整套基于团队能力建设的研发管理体系；为使项目团队人员能力得到快速提升，开展了逻辑维、时间维、知识维的能力训练。

打造数字化研发流水线

9.5.2 项目推进模式经验

1. 项目组织方式

组建了12人的项目组，以研发流水线的模式，推进该项目开发。项目共涉及自研新开发设备5类（其中达到国际领先的设备2类，涉及公司核心技术的设备2类），选型联网首次购买的外购设备5类，其他设备8类。

项目设立经理1名，副经理1名，项目管理员1名，负责项目整体管理、资源协调和各类决策。

项目设立架构师3名，1人负责需求分析、生产线规划和布局，1人负责机械类架构，1人负责电气和软件类架构，采用异步并行开发的模式推进各类新研设备、生产线总体规划和布局的方案架构。

项目设立机械设计师、电气设计师和软件设计师各1名，对接架构师进行设备详细设计。

设立测试和验证工程师3名，进行各类设备的单元测试、集成测试和系统测试。

项目整体在公司集成研发模块ZOS.IPD上进行管控，项目节点自动跟踪，项目过程资料可在线实时存档。

2. 人员专业化分工训练

在该项目开发之初，公司成立了项目组，由12名研发人员组成，其中5年以上工作经验员工5名（只做过设备选型、简单工装开发，无自动化设备开发经验），进厂1~2年的新员工7名。

项目组按研发体系流程及要求，围绕智能制造转型升级这一目标，明确了研发流水线的专业化分工与协同要求，生产线建设方案与研发过程由公司内部专家进行评审和指导。

（1）需求分析、立项、架构阶段：新人参加，由有经验的工程师负责。

（2）详细设计阶段：以新人为主，架构师监督。

（3）样机制作阶段：硬件由生产部门负责，软件编程由新人负责，架构师监督。

（4）测试验证阶段：生产部门负责，课题组成员参加。

（5）项目管理：任命项目经理管理研发过程，技术中心项目管理员负责过程监督与跨部门协调。

通过专业化分工与协同，在公司专家指导下快速提升团队成员的专业能力，让每个环节都由能力相匹配的人员去完成。

9.5.3　项目成果推广

L6D 生产线是中航电测自主研发的首条铝制传感器自动化生产线，通过探索自动化+信息化的新型智能生产模式，实现产业数字化转型升级，建立数据实时采集、信息互联互通、辅助决策分析的智能制造管理系统（自动排产、质量分析决策等）。

1．自动化设备与生产线

通过该生产线的建设，锤炼并形成了具备自动化设备、自动化生产线架构设计的自主开发能力，培育出了自动化部。自动化生产线建设的效能由本项目的建设期 18 个月，提升至后续其他项目的 8 个月、6 个月，助力产品生产效率、质量以及成本管理水平大幅提升，实现了本系列产品的核心竞争力构建，并与国内外高端客户建立了良好合作伙伴关系，实现了为多家国内外高端客户批量供货，取得了良好的经济效益。

2．生产计划管理

该生产线建成后，陆续做了功能提升，开发与应用了 APS 智能排产系统。运用 ZOS 数字化运营系统（见图 9-15）市场营销模块中 ZOS.MS 的订单信息、集成研发模块 ZOS.IPD 中的工艺与 BOM 信息、采购供应模块

打造数字化研发流水线

ZOS.SCM 和仓储管理模块 ZOS.WMS 中的物料信息、集成制造模块 ZOS.MES 中的产能信息、人力资源模块 ZOS.HR 中的人员及出勤信息、资产管理模块 ZOS.AM 中的设备信息等，共 300 多个参数，进行智能排产建模，取得了很好的效果，极大地提高了生产管理水平，如表 9-1 所示。

图 9-15 ZOS 运营平台业务域

表 9-1 传感器生产 APS 实施效果

内　容		人工排产	智能排产
交期回复		1～3 天	次日（计算时间 15 分钟）
制造周期		10～20 天	8～15 天
制造周期波动度		40%～60%	小于 20%
在制品数量		5400 只	4100 只
计划完成率		92%～95%	99.5%
产品交付周期	铝制	35～45 天	20 天以内
	钢制	70～90 天	30 天以内

3. 打造智能工厂

"十三五"规划期间，L6D 生产线开发起步，"十四五"规划期间，L6D

第 9 章 生产线开发案例

生产线已在各分（子）公司陆续推进：各单位部署 ZOS 系统，建设智能仓库，建设智能产业园区。按建设层级划分，纵向分为设备级、生产线级、厂房（车间）级、工厂级；横向分为生产加工、仓储物流、智能建筑三大系统，分别通过 SCADA、WCS、DCS 等软件系统与 ZOS 相应业务域实现互联，如图 9-16 所示。

图 9-16　智能工厂规划

参 考 文 献

[1] 张甲华. 产品战略规划[M]. 北京：清华大学出版社，2014.

[2] 宋小军. 做最好产品经理[M]. 广州：广东旅游出版社，2014.

[3] 琳达·哥乔斯. 产品经理手册[M]. 祝亚雄，冯华丽，金骆彬，译. 北京：机械工业出版社，2017.

[4] 闫荣. 产品心经：产品经理应该知道的 60 件事[M]. 北京：机械工业出版社，2016.

[5] 卢刚. 向华为学习卓越的产品管理[M]. 北京：北京大学出版社，2013.

[6] 育滨. 系统工程理论[M]. 合肥：中国科技大学出版社，2009.

[7] 爱德华·克劳利. 系统架构：复杂系统的产品设计与开发[M]. 爱飞翔，译. 北京：机械工业出版社，2016.

[8] 霍夫曼，谷炼. 基于模型的系统工程最佳实践[M]. 北京：航空工业出版社，2014.

[9] 多夫·多里. 基于模型的系统工程：综合运用 OPM 和 SysML[M]. 杨峰，译. 北京：航空工业出版社，2017.

[10] 贺东风. 中国商用飞机有限公司系统工程手册[M]. 4 版. 上海：上海交通大学出版社，2020.

[11] 王庆林. 基于系统工程的飞机构型管理[M]. 上海：上海科学技术出版社，2017.

[12] 刘劲松，胡必刚. 华为能，你也能：IPD 重构产品研发[M]. 北京：北京大学出版社，2015.

[13] 赵翀，孙宁编. 软件测试技术：基于案例的测试[M]. 北京：机械工业出版社，2011.

[14] 赵斌. 软件测试技术经典教程[M]. 2 版. 北京：科学出版社，2011.

[15] 瞿中. 软件工程[M]. 2 版. 北京：机械工业出版社，2011.

[16] 项目管理协会. 项目管理知识体系指南（PMBOK 指南）[M]. 6 版. 北京：电子工业出版社，2018.

[17] 王树文. 张成功项目管理记[M]. 2版. 北京：人民邮电出版社，2016.

[18] 德斯勒. 人力资源管理[M]. 12版. 刘昕，译. 北京：中国人民大学出版社，2012.

[19] 田锋. 制造业知识工程[M]. 北京：清华大学出版社，2019.

[20] 石磊. 战略性人力资源管理：系统思考及观念创新[M]. 四川：西南财经大学出版社，2011.

[21] 赵民，刘志敏，王永庆，等. 基于流程的知识工程与创新[M]. 北京：航空工业出版社，2016.

[22] 梅多斯. 系统之美:决策者的系统思考[M]. 邱昭良，译. 杭州:浙江人民出版社，2012.

[23] 邱昭良. 如何系统思考[M]. 北京：机械工业出版社，2018.

[24] 陈南峰. 集成产品研发制造型企业数字化运营体系构建与管理提升[M]. 北京：航空工业出版社，2020.

[25] 谭志彬，柳纯录，周立新，等. 信息系统项目管理师教程[M]. 3版. 北京：清华大学出版社，2017.

[26] 夏忠毅. 从偶然到必然：华为研发投资与管理实践[M]. 北京：清华大学出版社，2019.

[27] 迈克尔·E·麦格拉思. 培思的力量：产品及周期优化法在产品开发中的应用[M]. 徐智群，朱战备，等，译. 上海：上海科学技术出版社，2004.

后　　记

任何外来的方法，都需要理解其背后的本质逻辑，并结合自身的特点进行适应性调整，才有可能取得成功。不同企业的痛点不同，病因各异，脱离自身情况盲目照搬，就可能无法达到预期效果。

1. 研发管理不同于生产管理

（1）生产管理强调的是执行，所以措施是要将工艺流程标准化，并要求员工严格执行。

（2）研发管理是创造性的活动，研发流程应该以框架性、指导性为主，应避免过多过细的流程建设成为研发的障碍。

2. 研发管理需要形神兼备

（1）研发如果没有能力的支撑，一切流程、制度、文件将成为"花瓶"，推行的工作也就成了花拳绣腿。

（2）针对具有高素质人才队伍，能满足研发各阶段个人能力需求的企业，研发管理变革以管理体系方法（流程/制度/表单记录）及工具、组织建设为主，以固其"形"，其作用是组织、指导、约束、激励研发活动。

（3）目前大量企业面临的问题是研发团队个人能力素质难以支撑研发各阶段工作，需要以个人及团队能力建设为主要任务，同步去建设与之相适应的流程制度，做到"形神"兼备，协同提升。

（4）多品种、小批量且复杂度高的产品研发制造（如航空军品等离散制造业），与单项产品大批量连续性生产的企业具有显著的差异，研发管理的"痛点"也不一样，需要的"药方"自然也不一样，不可盲目抄袭。

3. 研发体系建设内容

下图以做好研发各阶段工作为目标，列出了体系建设内容，企业需要依据自身的能力及痛点，去"开方治病"。

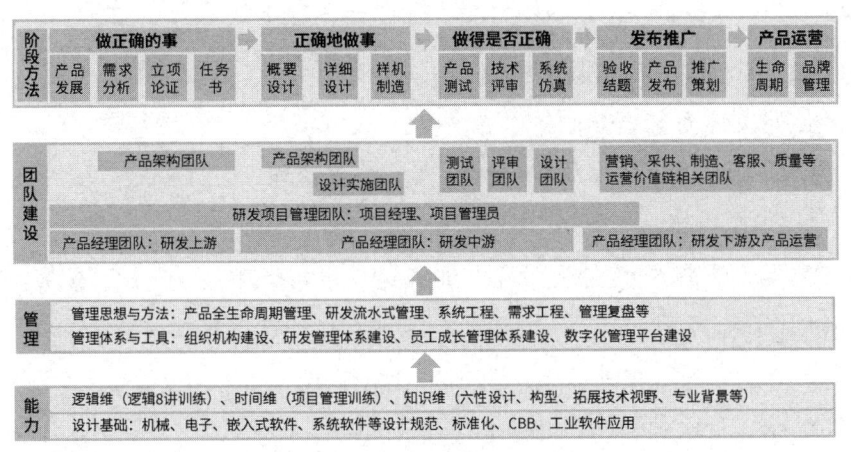

阶段方法	做正确的事				正确地做事		做得是否正确			发布推广			产品运营	
	产品发展	需求分析	立项论证	任务书	概要设计	详细设计	样机制造	产品测试	技术评审	系统仿真	验收结题	产品发布	推广策划	生命周期	品牌管理
团队建设	产品架构团队				产品架构团队			测试团队	评审团队	设计团队	营销、采供、制造、客服、质量等运营价值链相关团队				
					设计实施团队										
					研发项目管理团队：项目经理、项目管理员									
	产品经理团队：研发上游				产品经理团队：研发中游					产品经理团队：研发下游及产品运营				
管理	管理思想与方法：产品全生命周期管理、研发流水式管理、系统工程、需求工程、管理复盘等														
	管理体系与工具：组织机构建设、研发管理体系建设、员工成长管理体系建设、数字化管理平台建设														
能力	逻辑维（逻辑8讲训练）、时间维（项目管理训练）、知识维（六性设计、构型、拓展技术视野、专业背景等）														
	设计基础：机械、电子、嵌入式软件、系统软件等设计规范、标准化、CBB、工业软件应用														

系统集成产品研发管理体系建设内容

4. 研发管理体系建设分步实施建议

研发管理体系初建阶段除启动和收尾外，建议分三期（第一期、第二期、第三期）实施，用 3 年时间使体系初步成形，以后在此基础上迭代提升。

（1）启动（首月）

① 产品全生命周期管理、精益研发管理绪论、员工成长管理讲座。

② 布置第一期任务，组建核心团队。

（2）第一期（4 个月）

① 学习项目管理训练课程，训练项目管理能力，并在信息化平台上进行实操训练。

② 统型管理：产品系列化、工艺标准化。

（3）第二期（12 个月）

① 产品发展：学做市场调研报告、产技与 CBB 规划、科研能力规划。

② 选一个实际项目，分为涉众需求分析、立项、设计、测试、结题等

阶段进行训练，贯通研发流程，提升团队对各阶段的控制能力。

③ 通过开展逻辑初级训练提升表达与解决问题的能力。

④ 学习产品发展、需求工程、系统产品设计建模（架构）、产品测试课程。

（4）第三期（18个月）

① 研发体系文件编制。

② 研发项目全面信息化运营管理、绩效管理。

③ CBB 构建与应用。

④ 学习逻辑中级训练课程，训练提升报告评审/总结分析/预案制作/沟通讲解等能力。

⑤ 学习标准化管理课程，推动标准化建设。

⑥ 学习与练习复盘，提升自我驱动力。

（5）收尾（末月）

总结复盘、讨论后续提升方案：

① 核心团队能力提升综合训练。

② 员工成长管理体系建设。

③ 需求模型/模板/要素构建。

④ 研发构型管理。

⑤ 产品发布推广与产品运营。

5. 认识研发管理推进的长期性与艰巨性

研发管理体系建设在寻找到正确的路径后，需要持之以恒持续推进，切不可急功近利，急于求成。要充分认识体系建设的系统性、质量控制的严密性、投入产出的滞后性、团队分工的专业性、CBB 建设的共享性、能力提升的迫切性，使研发管理体系建设工作伴随企业的整个生命周期。